マンガだけど本格派　小・中学生用

新 漢字のおぼえ方

漢字塾太郎 著
宮島 弘道 絵

目次

漢字の基礎知識

〜六書（りくしょ）〜

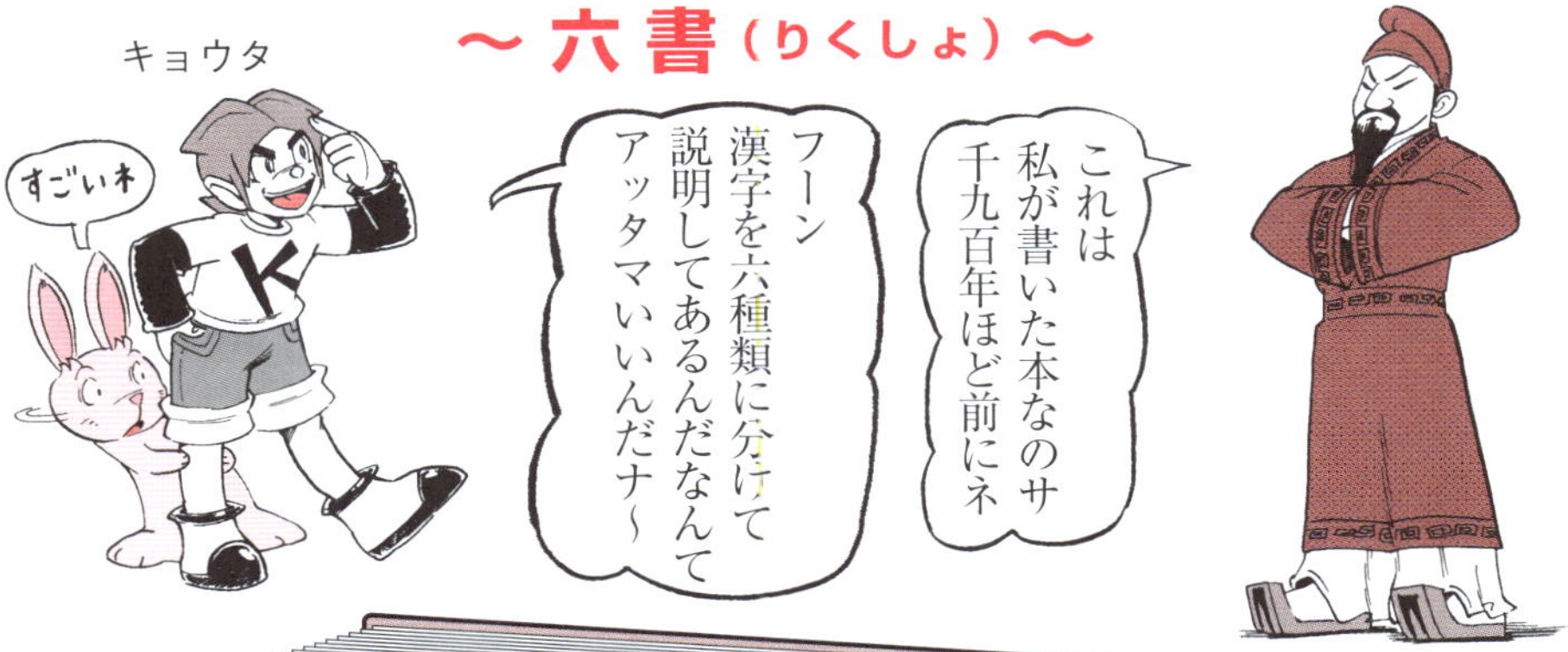
キョウタ
すごいネ
これは
私が書いた本なのサ
千九百年ほど前にネ
フーン
漢字を六種類に分けて
説明してあるんだなんて
アッタマいいんだナ〜

説《せつ》文《もん》解《かい》字《じ》
許慎

六書（りくしょ）

【造字法・漢字の造り方】

1 象形文字（しょうけいもじ）
2 指事文字（しじもじ）
3 会意文字（かいいもじ）
4 形声文字（けいせいもじ）
※［会意兼形声文字］

【使用法・漢字の使い方】

5 転注文字（てんちゅうもじ）
6 仮借文字（かしゃもじ）

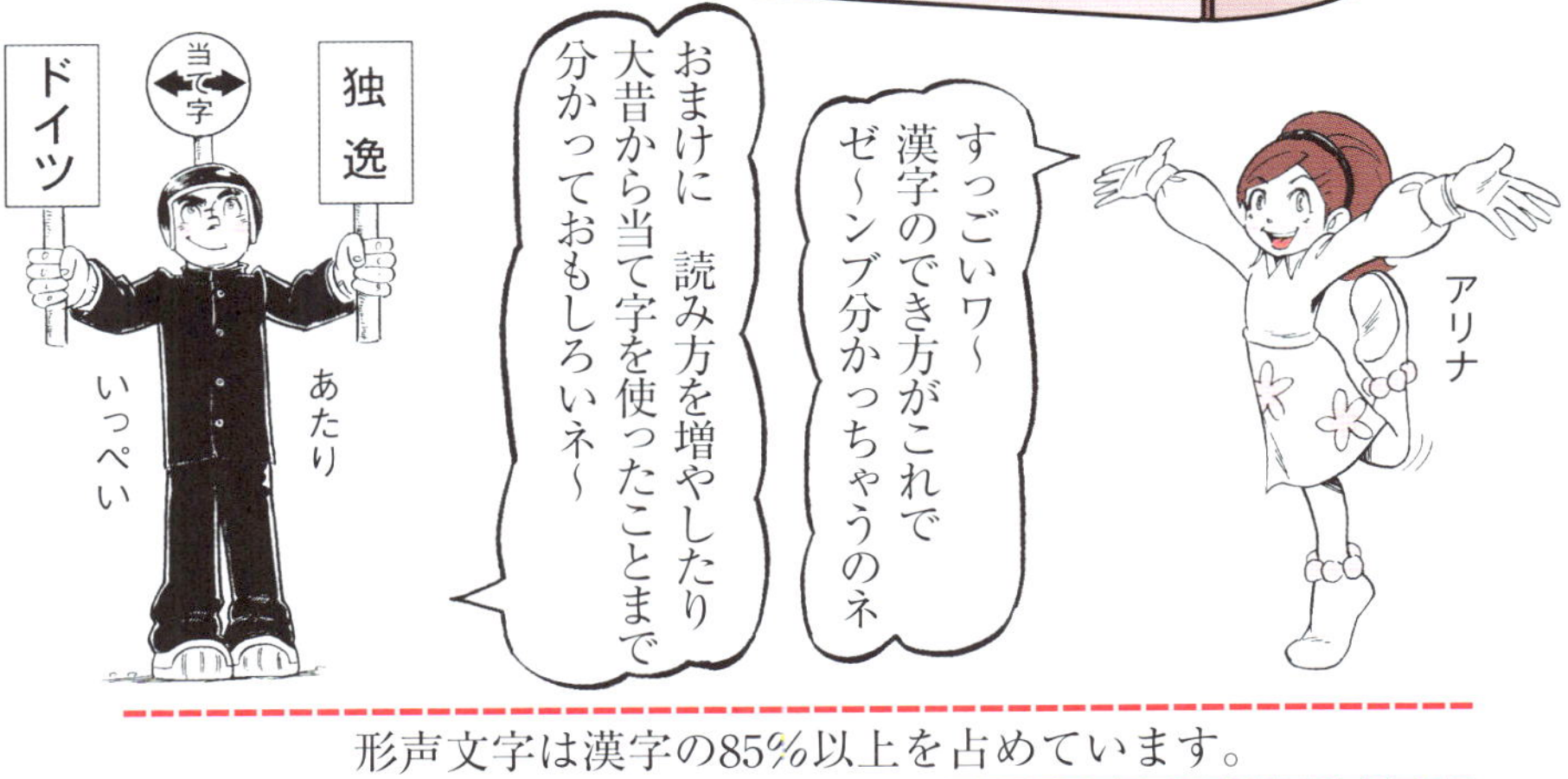
すっごいワ〜
漢字のでき方がこれで
ゼ〜ンブ分かっちゃうのネ
おまけに　読み方を増やしたり
大昔から当て字を使ったことまで
分かっておもしろいネ〜
ドイツ
当て字
独逸
いっぺい
あたり
アリナ

形声文字は漢字の85%以上を占めています。

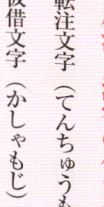

1　象形文字

ワ～イ　ワ～イ
ご飯だ　ご飯だ
今日は　たくさん
とれたんだゾ～
お塩つけたら
おいしいわョ～
鮎
よかったナ～
とれたての
アユだヨ

ゾウさん
アユってどこで
釣れるの～
？
あの山の近くに
水がたくさん
流れてるところが
あるでしょ

【注】絵文字から造られた漢字を《象形文字》といいます。

2　指事文字

この鳥どこから
来たの？
！
ケ〜〜
初めて見る
鳥だヨ
そりゃ〜
みんなの頭の
うえを飛ん
でいたのサ

フ〜ン「ウエ」ネ〜
「ウエ」ってどこにあるの？
ウエ
うえ
ウエ？
うえ？
「ウエ」はそこじゃ
ないヨ　絵文字を
描いてみて
ちょうだい

エ〜ッ「ウエ」ったって
空にはな〜んにもないから
絵になんか描けないわヨ
がら〜〜ん
かんたんジャン　みんなの
立っている所が横線だから
縦線の方の先の方が
「ウエ」になるのサ

【注】絵に描きにくい物事や、順序を表わす数字のように、
抽象的な事柄を表わす文字を《指事文字》といいます。

3　会意文字

ヤダ〜 ヤダ〜
なんでサルの
親子をつかまえ
たんだョ〜！
逃がして
あげてョ〜！
かわいそうだョ〜
ヤダ！
ヤダ！

困ったニャ〜
あたりくん
なんでつかまえて
きちゃったの？
アンタが
いくなら
私も
いくわョ！
だって一匹
つかまえたら
みんな
ついて
きちゃったん
だもの
困

サルをつかまえた場所は「サルのハヤシ」って所ヨ
サルのハヤシ
みんな幸せにくらしてたんだからね！
そうだ!!「ハヤシ」っていう漢字を造ったらサルたちをにがしてやってヨ
そっそうだナ〜別に逃がしてやってもいいけど…
弱
ヨーシッ!!
ポリポリ
ガンバッテ！

ところで「ハヤシ」って いったいどんな所なの？
第1回ハヤシ会議
木がいっぱい生えているところヨ
サルもいっぱいいるんだゼ
でもサ 木の数にゃボクたちも勝てないのサ カクレンボできるくらいだも～ん
＞
それじゃ～ 木を十個くらい書けばハヤシの意味が表せるネ
木木木木木木木木木木
でーきた!!
そんなにたくさん「木」を書くと時間ばっかりたっちゃうヨ

【注】意味を表わす漢字を複数合わせた漢字を会意文字といいます。

4　形声文字（1）

【(1)形声文字の例】浄・症・仇・代・体・机・徒・旧・昨・景・晩・齢
【(2)会意兼形声文字の例】作・志・圧・応・江・匪・春・晴・暮・国

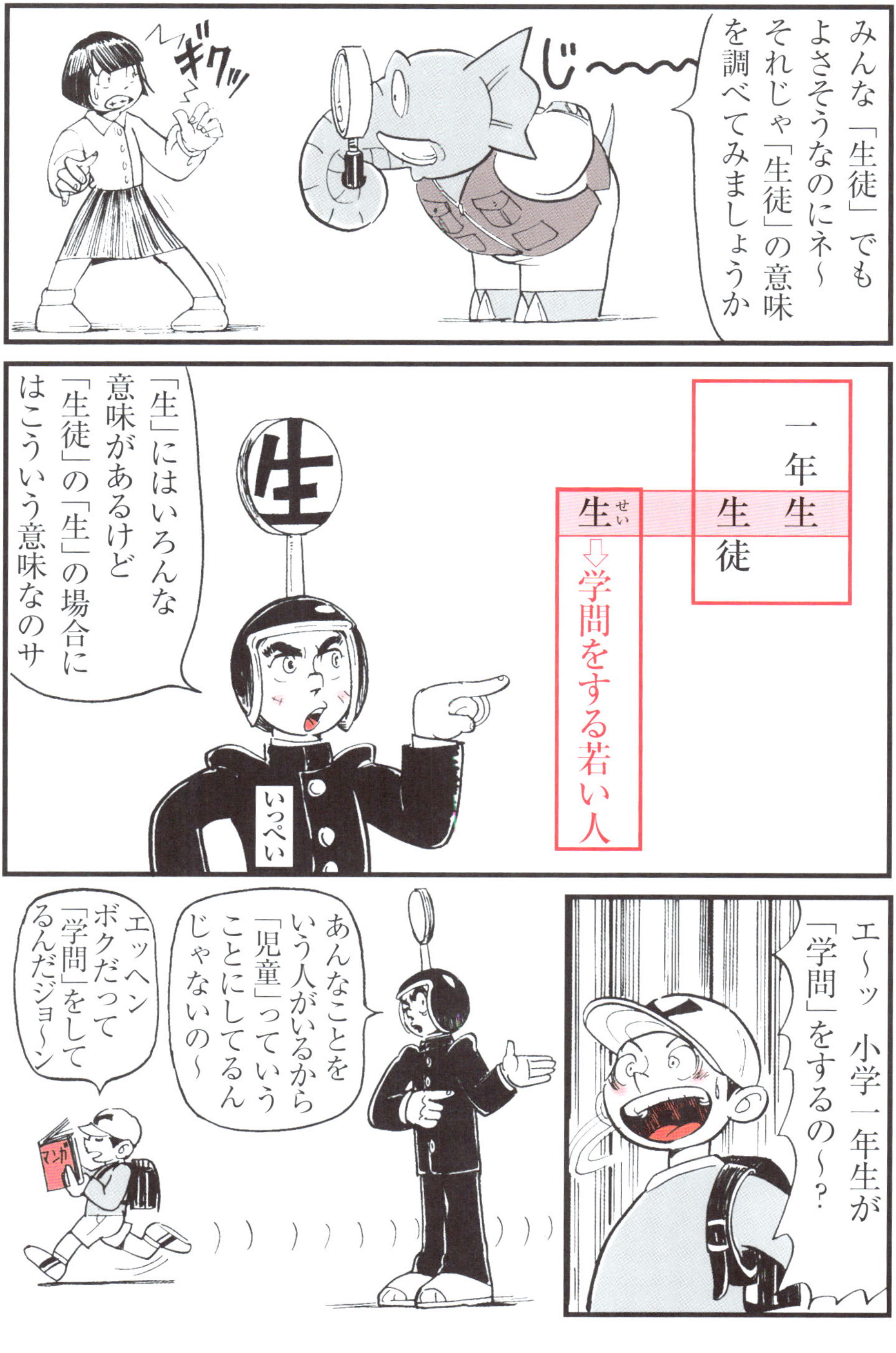
みんな「生徒」でもよさそうなのにネ〜それじゃ「生徒」の意味を調べてみましょうか
じ〜〜〜
ギクッ
一年生
生徒
生《せい》
⇩学問をする若い人
「生」にはいろんな意味があるけど「生徒」の「生」の場合にはこういう意味なのサ
生
いっぺい
エ〜ッ 小学一年生が「学問」をするの〜?
あんなことをいう人がいるから「児童」っていうことにしてるんじゃないの〜
エッヘン ボクだって「学問」をしてるんだジョ〜ン
マンガ

生は分かったけど
それじゃ～「徒」は
どういう意味なの
徒
生 徒
たくさんの仲間《なかま》
学問をする若い人
「徒」は「仲間がたくさんいること」だから「生徒」とは「学問」をする若い人々ってことになるのサ
自分が生徒なのにその意味をぜ～んぜん知らずに使っていたわネ
お兄ちゃんは「ボクは学生」だっていばってたけどそれじゃ～「生徒」の造字法は知ってんの
エ～ そんなに急に聞かれてもナ～
ビーム
じゅ～

イッシッシ～
ゆっくり聞いても
知らないくせに
イッヒッヒ～
ぴょこー
生
会意文字
屮＋土
「生」の方は知ってるゼ植物の芽を示す「屮＝テツ」と「土」を合体させた会意文字なのサ
ピコーーン
スッゴイ スゴ～イ
そのいきおいで
「徒」の方も
オセ～テ 教えて～
パチパチ
エッヘッヘ～ 残念ながら「徒」の方は「＝ぎょうにんべん」だけしか知らないんだョ～
モジモジ
イ
土
彳
龰
そうだネ～ この字は三つに分解して考えないと分かりにくいからナ～
グイッ

エ〜ッ 一個の漢字を三つにわけるの
彳
疋
土
「彳+疋」の二つで「歩いて進む」ってことは分かるけどナ〜
徒
意味 分割 読み
前進する 彳 ぎょうにんべん
一対の足 疋 ヒキ・ソ
+
音符 土 ト
その「歩いて進む」って意味がどうして「徒」の「多くの仲間」に変わるの？
軍隊などでは馬に乗った兵よりも『歩いて進む歩兵の方が人数が多いから「徒」が多くの仲間』という意味にも使われるようになったのサ
ザッ
ザッ
ザッ
ザッ
ザッ

フ〜ン そうしたら「彳＋疋」は二つとも意味を表わしてるし「土＝ト」は読み方だから「形声文字」ってことになるのネ
形声文字
徒
意味
たくさんの仲間
読み方
ト
今まではどうして「ト」と読むのか分からなかったけどこれでようやく分かったヨ

そろそろ休憩時間が終わるわョ
なるほど勉強になるナ〜
休憩中

4　形声文字(2) 会意兼形声文字

【形声文字】①六書の中の4番目の造字法。②1個の漢字を2個に分けると、片方が意味を表わし、もう一方が読みを表わすように作られている。
③漢字の80％〜90％が形声文字。

【会意(文字)兼形声文字】六書の造字法では「会意文字」と「形声文字」とは別の種類として書かれているが、形声文字の中には「読み方を表わす部分が同時に意味をも表わしている」漢字が多い。

そういう漢字を［会意兼形声文字］という。

左側の「てへん」は「手へん」なんでしょ
て て て
扌
てへん
＝
手へん
ピョーン
そういう「手へん」がついてるとこの漢字は「手」に関係のある字だよって教えてくれているのサ
へ〜ッ ずいぶん親切な部品なんだね
しんせつ
扌 甫
意味を表わす
?
部首
?
このように意味を教えてくれる部品を「部首」っていうのサ
フ〜ン 部首って意味なんだ〜ンジャ〜 右の「甫」は何を教えてくれるの？
扌 甫
読み方を表わす
意味を表わす
ホ・フ
部首
誰?
名前
?
ボクはダ〜レ？
漢字を造ってもその漢字に名前がなければ読めないし覚えられないジャン

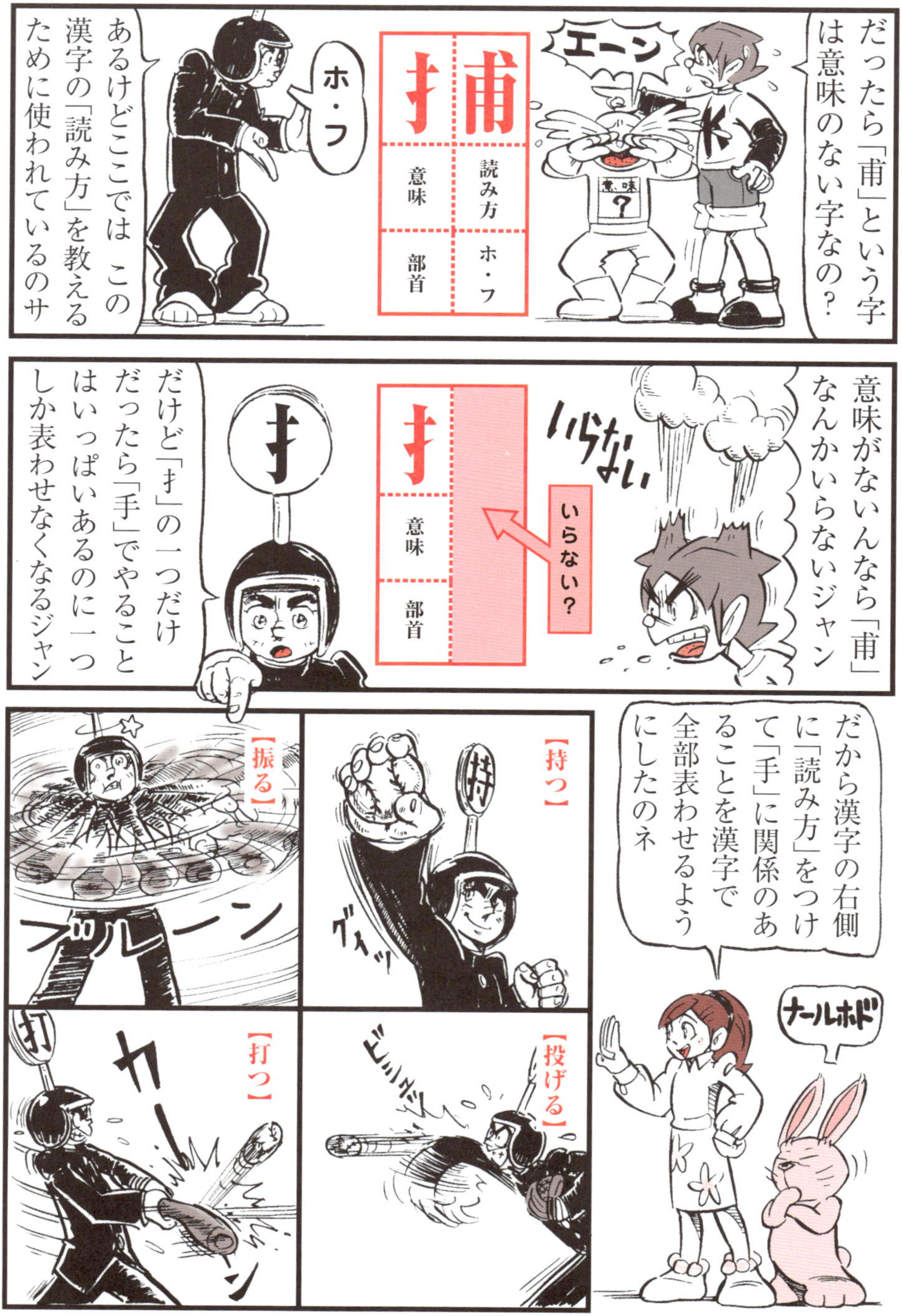
だったら「甫」という字は意味のない字なの？
エーン
意味
？
捕
甫
扌
読み方
ホ・フ
意味
部首
ホ・フ
あるけどここでは この漢字の「読み方」を教えるために使われているのサ
意味がないんなら「甫」なんかいらないジャン
いらない
いらない？
扌
意味
部首
扌
だけど「扌」の一つだけだったら「手」でやることはいっぱいあるのに一つしか表わせなくなるジャン
だから漢字の右側に「読み方」をつけて「手」に関係のあることを漢字で全部表わせるようにしたのネ
ナールホド
【持つ】
持
グイッ
【振る】
ブルーーン
【投げる】
【打つ】
打
カーン

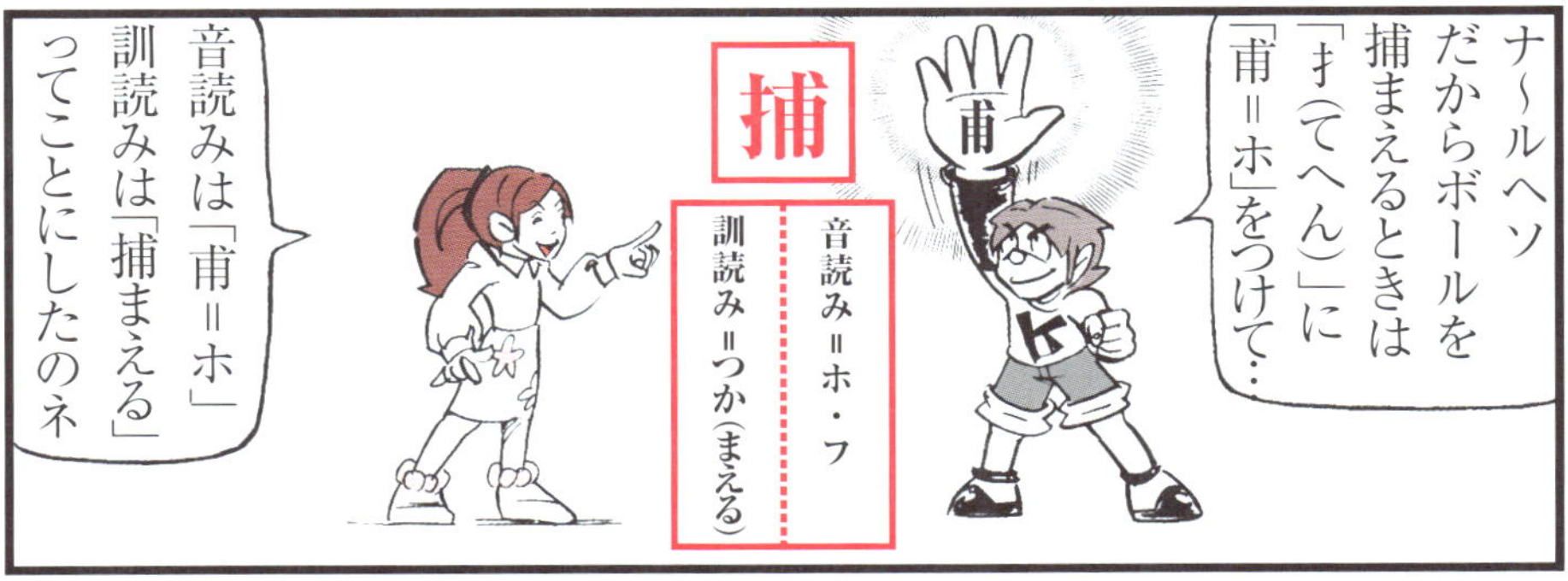

【音読み】①漢字は中国から伝わってきた文字だから、中国語の読み方があり、その読み方にそって読む言葉を「音読み・音読」という。

《例》（中）＝（中国の発音はチュン・日本での音読みはチュウ）

②この読み方（音読み）は、熟語を読むときに使われることが多い。

《例》（技術）＝（ギジュツ）

【訓読み】中国から伝わってきた漢字に、同じ意味の日本語の言葉を当てはめた読み方。「訓読み・訓読（くんどく）」という。

《例》（走）＝（音読みはソウ・訓読みは「はし・る」）

どうだ～い
ボク「いいとこ」
ついただろ～
何言ってんのヨ
どこが「いいとこ」
なのか分かんない
くせに～
わかってら～い
なんで「甫」を使った
かってことジャン
そんなにいばるなら
「な～んでか」って
答えてごらんなさいヨ
ウッフッフッ 「ホ」と
読む漢字はたくさん
あるけどボールを捕ま
えることとは全然関係
ない字が多いのヨ
いいジャン いいジャン
どうせ「読み方を教える
だけ」の字なんだから
扻
捗
アッ
手に火が
ついた～
キャ～ 手が
歩いてる～
火
歩
そうなんだけど
「捕まえる」って字な
のに「火や歩」を使っ
たら この漢字を知
らない人が見たとき
に「捕」の意味を誤
解するんじゃないか
と漢字を造る人が
考えたわけサ

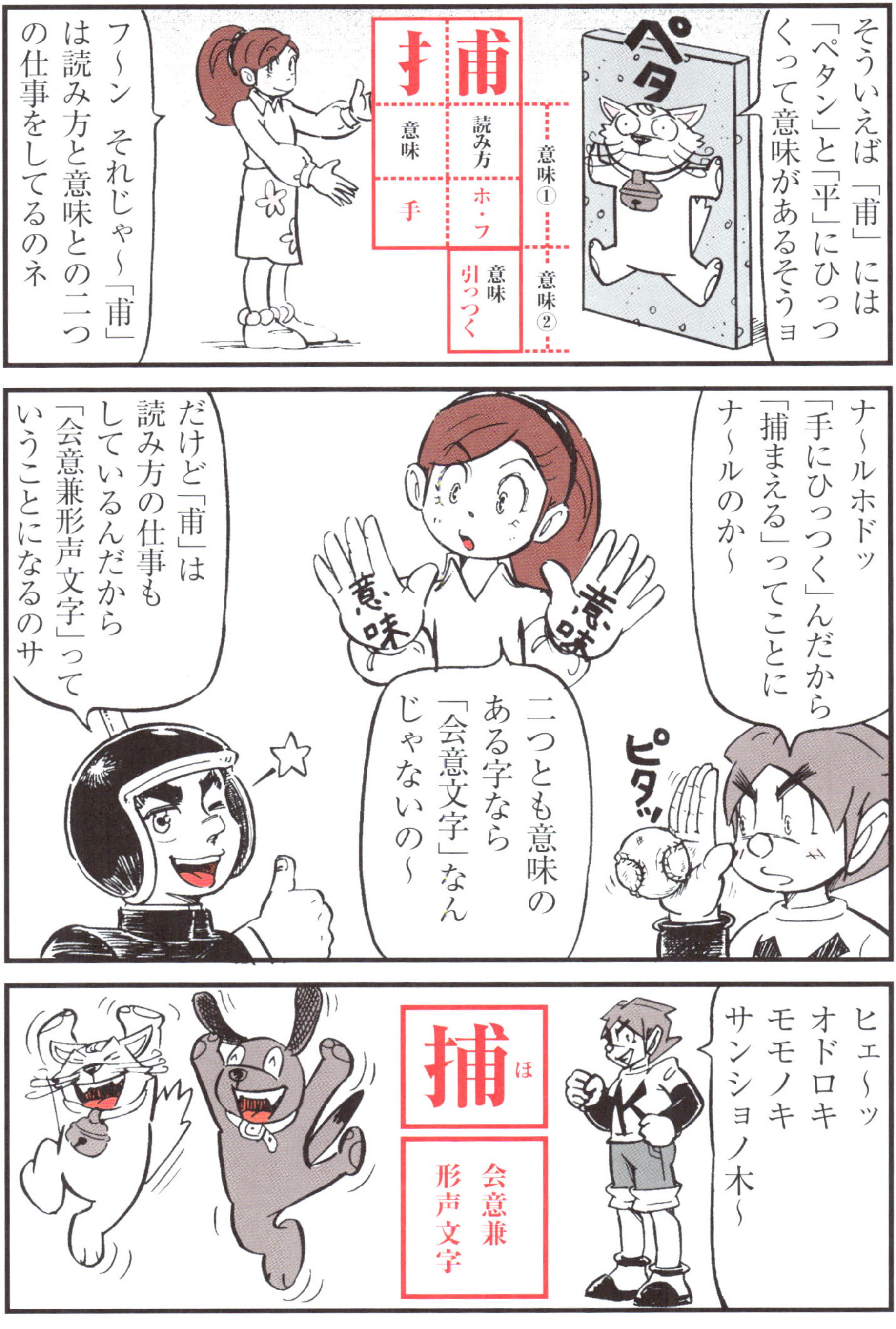
そういえば「甫」には「ペタン」と「平」にひっつくって意味があるそうョ
ペタ
扌
甫
読み方
ホ・フ
意味
手
意味
引っつく
意味①
意味②
フ～ン それじゃ～「甫」は読み方と意味との二つの仕事をしてるのネ
ナ～ルホドッ「手にひっつく」んだから「捕まえる」ってことにナ～ルのか～
ピタッ
意味
意味
二つとも意味のある字なら「会意文字」なんじゃないの～
だけど「甫」は読み方の仕事もしているんだから「会意兼形声文字」っていうことになるのサ
ヒエ～ッ オドロキ モモノキ サンショノ木～
捕《ほ》
会意兼形声文字

熟語	〜する	人
捕手	捕まえる	人
投手	投げる	人
旗手	旗を持つ	人

5　転注文字《使用法（1）》

【注】 1 転注《てんちゅう》文字は、造字《ぞうじ》法ではなく「使用法」です。だから、国により、
時代により、使用法には変化が生じます。

2 日本の漢字学者の多くは、《「令《れい》＝長《ちょう》」は仮借《かしゃ》文字》だとする許慎《きょしん》の説は採《と》らず、中国の後世《こうせい》の学者達の修正説を採用、《「令＝長」は転注文字》とする意見が有力です。

※「令＝長」⇦「命令」する人は「◯△長」と言われる人だから、「令」が「長」と同じ意味で使われました。（例）県知事《ちじ》＝県令《けんれい》

3 文明文化の発展とともに、語句、熟語《じゅくご》は急激に発展するものです。ましてや日本においては、日本語独特《どくとく》の「訓読」という読み方を付加《ふか》するため、その過程《かてい》においては「同一漢字内における転注文字の用法」が多用《たよう》されたものと考えられています。

※（例）1 音楽《おんがく》⇦楽《たの》しい　2 平和《へいわ》⇦和《なご》やか　3 直線《ちょくせん》⇦直《なお》す

4 「令と長」のように、2個の別の漢字を共通の意味で結ぶものと、上の例「楽《がく》⇦楽《たの》しい」のように、1個の漢字から派生《はせい》することがらを、「1個の漢字の読み方」を変えて表現するものとの、2種類の転注文字があるようてす。

わっはっはっはっはっはっはっ
ね〜 はやく〜〜
お弁当食べようヨ〜〜
すぐいくヨ
?
ぞうさんのこと
忘れてたワ・・・
パオーン
いったただきまぁーす!!
ウッマソウ!

お腹もいっぱいピクニックはたのしいゾ〜
やーまに来た
里に来た
野にも来た〜
やっぱり音楽って最高にたのしいわネ
シャカ シャカ
シャカ シャカ
そうだ！いいこと思いついたゾ
楽
ポ
そうさ音楽って「たのしい」から「楽」には「たのしい」って読み方も付けようぜ
バシッ
楽
ズリ

今日は楽しい一日だったわネ
一日じゅう音楽入りなんだモ〜ン
のリ
のリ
おまけに「楽しい」って漢字までできちゃったし〜
転注文字
楽
音読み⇩ガク・ラク
訓読み⇩たの（しい）
楽

6　仮借文字《使用法（2）》

【注】

1 仮借《かしゃ》文字は造字法ではなく［使用方法］です。

2［仮借］の字の通り、同音の漢字を「当て字」として借りた表現方法。

（例）① フランス⇨仏蘭西　② イタリア⇨伊太利亜　③ 粕壁市《かすかべし》⇨春日部市《かすかべし》

カメちゃんがネ 悪いサメにいじめられていたからボクが追っ払ってやったのサ
ポン。
マ〜 それはいいことしてあげたわネ
ニコッ
キョウちゃんも たまにはいいこともするのネ
ニコッ
それでネ これからカメちゃんちに遊びに行ってい〜い？
いく！ いく！
おうちはどこなの？
海の向こうのアメリカっていう国なんだって
ジャーーン
エ〜ッ ずいぶん遠いわヨ〜 カメさんに乗って行くんだったら何年かかるか分からないわヨ〜
イエース！

だいじょうぶサ　このカメちゃんはネ　日の出の光に乗ったら高速ガメラになってすぐ着いちゃうんだって〜
イエース
高速
あらあらそれじゃーうさぎさんにも負けないほど早いカメさんになっちゃうのネ私もアメリカに行きたくなってきたナ〜
イエース
でも…カメさんに乗れるのは一人がやっとだから私は行けそうにないワ…
仕方がないからお手紙を出せるように住所を漢字で教えてもらおうかしら
漢字
漢字でなんか書けるの？
!

書けるゾ〜 みんなで ちからを 合わせて 考えちゃおう
パオーン
キョウちゃんの仲間が増えるんだから足し算の「加」がピッタシだな
ハロー キョウタ
留守番は無事を祈ってるんだから「御利益《ごりやく》」の「利」を使おうかな
リ
ムニャ ムニャ ムニャ ムニャ
持っていくおにぎりはお米なんだから「メ」は「米」で決まりだぜ
アジア（亜細亜）の中の日本から出発するんだからアメリカの「ア」は「亜細亜」の「亜」がいいヨ
ア

亜《ア》米《メ》利《リ》加《カ》

《仮借文字》

国字【日本製の漢字】

【注】

1 漢字の中には六書の造字法を参考にして造られた、日本製の漢字があり、
これを［国字《こくじ》］といっています。

2 日本には、中国にはない文明文化や、伝えられなかった事物や漢字が
あったからだと、いわれています。

3 字数については、僧昌住《そうしょうじゅう》（新撰字鏡《しんせんじきょう》）は400字、新井白石《あらいはくせき》（同文通考《どうぶんつうこう》）は
81字を紹介しているそうです。

4 国字の造字法は、会意文字が一番多いといわれています。
（例）畠・畑（はた、はたけ）・笹（ささ）・匁（もんめ）・働（はたら・く）
俤（おもかげ）・枠（わく）・樫（かし）・榊（さかき）・凩（こがらし）・凧（たこ）
凪（なぎ）・辻（つじ）・込（こ・む）・蕨（わらび）・峠（とうげ）・裃（かみしも）
鰯（いわし）・鱈（たら）・躾（しつけ）・颪（おろし）・粁（ｷﾛﾒｰﾄﾙ）・鋲（びょう）

凧ってどうしてこんなに高く揚がるの
ピュー
凧
紙
巾
木枯らしのように強い風が吹くと凧の「巾《きれ》」や紙が飛んでゆくのネ
パタ
パタ
そうすると「風＋巾」だから「凧」という字ができたってことか〜
凧
エ〜ッ「凧」は「風＋巾」じゃなくって「几＋巾」じゃないの?
風という字を部首にした字もあるけど画数が多くなるから「風」の外側の「几」だけにも「風」の意味を持たせたのサ
几《かぜ》＝風《かぜ》
風を表わす2つの部首
几《つくえ》
凧《たこ》
凪《なぎ》
凩《こがらし》
⬆「几＝つくえ」を部首とする漢字の三割は風を表わす漢字です
風《かぜ》
颱風《たいふう》
颶風《ぐふう》
颯爽《さっそう》
颪《おろし》
几《つくえ》 几《かぜ》
フ〜ン「几」という部首には二種類の意味があるのネ

エ～ッ 一つの部首なのに意味が二つに分かれるの～
部首・几
几《つくえ》
凡 処 凭 凰 凱
𠘨《かぜ》
凩 凧 凪
「几と𠘨」は形が少し違うんだけど二つとも一つの部首「几」にまとめられているのヨ
フ～ン「几が風」だと分かれば覚えやすい漢字だネ～いったいだれが造ったの
実はネこの三つとも日本で造られた漢字でこういうのを国字っていうのサ
国字
凩凧凪
へ～ッ すっごいわネ～日本人が造った漢字があるなんて初めて聞いたワ
フ～ン日本製の漢字っていうと「造字法」で何番に当たるの
造字法
ほとんどは「会意文字」だけど「鋲《びょう》」のように「形声文字」ってこともあるのサ
鋲
形声文字
会意文字
日本人って頭がいいのネそれじゃ～聞くけど「几」の中の「凩」は何て読むの？
凩

「凩《こがらし》」は「木《こ》枯《が》らし」って読むのサ
凩《こがらし》の素《もと》
エ～ッ一つの風で同じ言葉なのに漢字が二種類もあるの～？
ビューーン
いいジャンいいジャン「木枯らし」は「冷たい風が吹くと木が枯れる」って意味がよく分かるジャン
寒い…
「凩」の方も「几＋木」で「風が木を枯らす」って意味が分かりやすくっていいわネ
へっくしょん
国字って「理屈やストーリー」で覚えられるから漢字をすぐ思い出せるぜ
ほんとだわネ～「凪」も字の通り「風が止まる」ことだと すぐ分かるわネ
ピタッ
凪《なぎ》
几《かぜ》＋止

漢字をマルゴト覚えると　一字なのに画数が十画や二十画もあって覚えきれないし時間もかかって嫌になっちゃう

10分もかかったヨ〜

小6
臓
19画

漢字っていったい何なのサ

漢字は情報のかたまりサ
覚えるコツはルールを知ること

★情報②★　部首

「金＝かねへん」や「言＝ごんべん」ならだれだって読めるジャン

でも読めない部首もあるから部首の名前別のグループを作って覚えれば覚えやすいんじゃないの

扌　言　金

★情報①★　バラバラ大作戦

小5
講
17画

言	冓
7画	10画
情報　部首（意味）＝言葉	情報　音符（読み方）＝コウ

だから言ったジャン　部首と音符に分ければ覚える画数も少しですむって

マル暗記↓17画
音符だけ暗記↓10画

★情報③★　音符

音符の「冓とか戋」なんかそれだけでは習ったことがない字ジャンカ〜

だからそういう特別な例だけきちんと覚えれば記憶力が二・三倍に増えるわヨ

冓
戋

(1) 漢字は表意文字

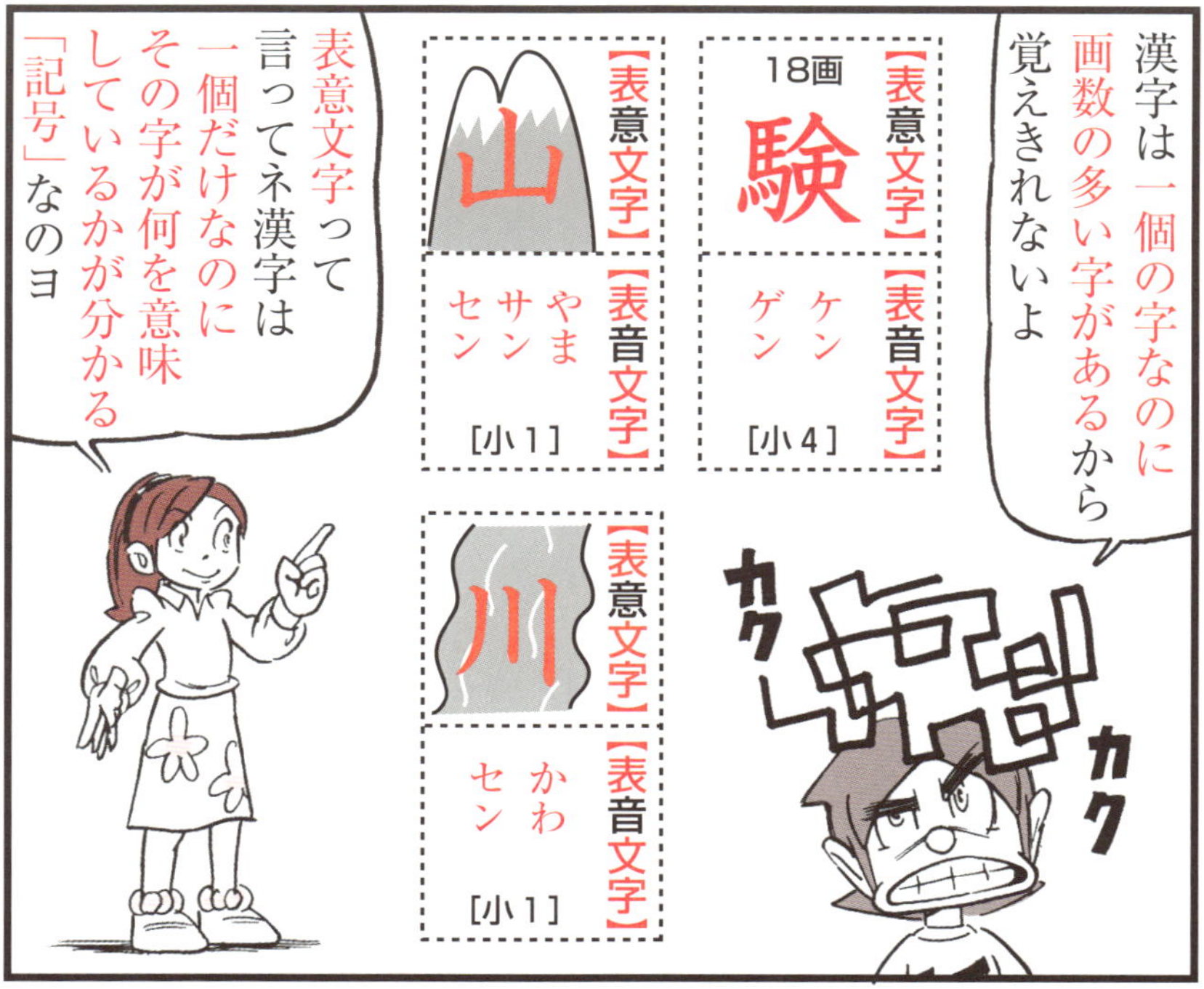

漢字は一個の字なのに画数の多い字があるから覚えきれないよ
カク
カク
【表意文字】
18画
験
【表音文字】
ケン
ゲン
[小4]
【表意文字】
山
【表音文字】
やま
サン
セン
[小1]
【表意文字】
川
【表音文字】
かわ
セン
[小1]
表意文字って言ってネ漢字は一個だけなのにその字が何を意味しているかが分かる「記号」なのヨ

(2) かな文字は表音文字

それじゃ～ひらがなやカナは何なの？
い
【表音文字】
胃
【表意文字】
イ
【表音文字】
それは表音文字といってネ一個だけでは意味はなくって発音を表わすだけの記号なのヨ
あいうえ
カキクケコ
さしすせそ
タチツテト
なにぬねの
ヒフヘ
まみ

（3）漢字の85％以上は形声文字

〜だから形声文字攻略法が漢字攻略法になる〜

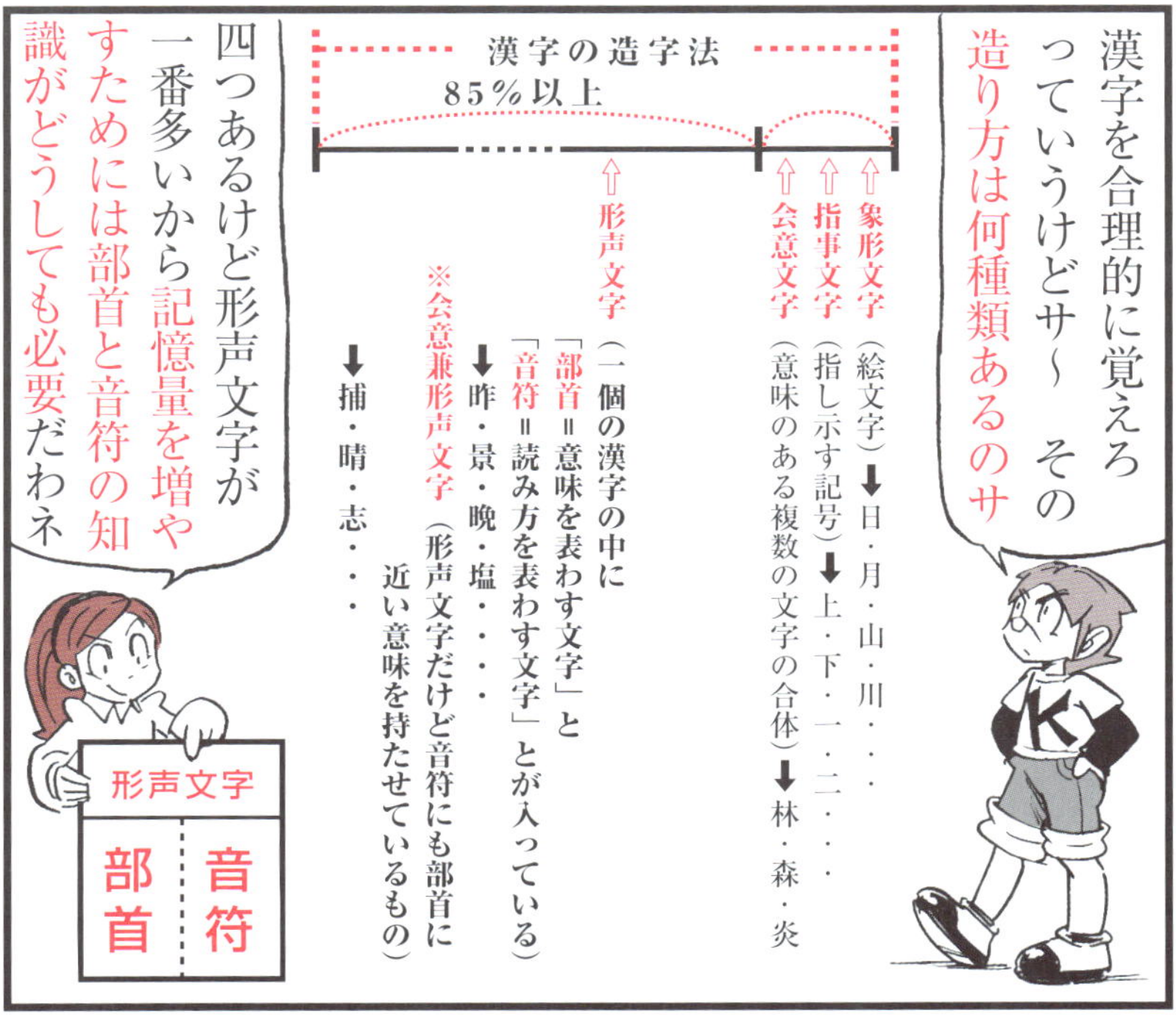
漢字を合理的に覚えろっていうけどサ〜 その造り方は何種類あるのサ
漢字の造字法
85％以上
象形文字（絵文字）⬇日・月・山・川・・・
指事文字（指し示す記号）⬇上・下・一・二・・・
会意文字（意味のある複数の文字の合体）⬇林・森・炎
形声文字（一個の漢字の中に「部首＝意味を表わす文字」と「音符＝読み方を表わす文字」とが入っている）⬇昨・景・晩・塩・・・
※会意兼形声文字（形声文字だけど音符にも部首に近い意味を持たせているもの）⬇捕・晴・志・・・
四つあるけど形声文字が一番多いから記憶量を増やすためには部首と音符の知識がどうしても必要だわネ
形声文字
音符
部首

（4）漢字は情報のカタマリ

〜ルールぐらいは知っておこう〜

何回聞いてもマルゴト覚えた方が早いナ〜
マル暗記するから覚える量が多くなって二、三日たつとほとんど忘れちゃうんじゃないの〜
銅

漢字
銅《ドウ》
ドウと読む字
音符
金属の意味
部首
漢字は情報のかたまりなのサ 特に形声文字はその中に「読み方と意味」がぜ〜んぶ書いてあるんだから忘れてもすぐ思い出せるのだ

(5) 漢字の面積の半分は音符

☆音符は漢字に表わされる情報☆

漢字の中に情報が入っているっていうけど いったい何を教えてくれてるのサ
漢字
情報
青清情晴精静
体住低使値働
共通点は「青」＝音符
共通点は「亻」＝部首
右の縦の漢字には全部「青」が入っていて「セイ・ショウ・ジョウ」て読む字でしょ だからこれが音符情報なのヨ
漢字
青
音符情報A

そりゃそうだけどそれぞれ別の読み方もあるじゃないか～
青
セイ ショウ ジョウ あお
今はまず漢字を覚えることを考えているんでしょ 一つでもいいからその名前(読み方)を知らなきゃ覚えられないジャン お友達だって名前も知らなきゃ紹介できないもんネ～
ダ～レ?
?
ケロ太
ケロ助

だけど「音符」をまとめた字典なんか見たことがないぜ どうやって覚えるのサ
音符字典
【音符】
戋《サイ》
裁縫《サイホウ》
栽培《サイバイ》
掲載《ケイサイ》
快哉《カイサイ》
辛《シン》
新品《シンピン》
親密《シンミツ》
薪炭《シンタン》
だからこの本の中の「音符の表＝幻の漢字」をよく読んで漢字（音符）の勉強をすればクラスで一番になるチャンスだわヨ
チャーーンス!
それに音符の読み方を覚えれば 熟語は音読みが多いから熟語も覚えやすくなるわネ
人相《ニンソウ》
新聞《シンブン》
頭脳《ズノウ》
静脈《ジョウミャク》
幻
ヨ〜ッシ これからは多くの字に共通する音符で サ〜ッ 勝負だぜ ボクだって「幻の漢字」を探してみせるゾ〜

でも名前なんかカタカナだって覚えられるジャン
ニホン
フン
それじゃ〜 この字は何を意味してるのかすぐには分からないでしょ

ウ〜ンとネ〜「二本」か「日本」だぜ かんたんジャン
二本《ニホン》
日本《ニホン》
どっちにしたって漢字に直したからその違いが分かるわけでしょうが
青《セイ ショウ》 清《セイ ショウ》 情《セイ ジョウ》
ピョーン
けっきょくは名前で覚えるんだし漢字で覚えるんだからさっきの「青＝セイ・ショウ・ジョウ」という読み方（音符の情報）をだいじにしなきゃ

（6） 漢字の面積の半分は部首

☆部首は漢字に出ている情報☆

漢字っていうのは丸暗記にかぎるゼ 漢字以外に部首だとか音符だとか余分なことも覚える力はもうないよ 部首っていったいなんなのサ
カン
漢字
音符
部首
共通点の「亻」が部首
体
住
低
使
値
働
亻
部首情報
同じ字形を持っている漢字ばかりを集めてその共通する字形を部首にしたんだって

なんでそんなことをするの 覚えることが増えるだけジャン
部首
音符
漢字
くるじ〜
学問っていうものは共通点を持つものをまとめてグループ分けすることなんだヨ
生物
植物
動物

へ〜ッ 学問って
変なクセがあるんだネ
クセじゃなくて
そうすれば記憶量が
増えたときに
記憶力を維持《いじ》しやすい
し分かりやすいから
そうしているのヨ
整理整頓
植物
魚類
鳥類

へ〜ッ 部首って
学問だけのために
造られたもんなの？
ちがうわヨ〜
漢字の中に
共通の部首が
あれば同じ
意味になるって
ことになる
ジャンカ〜
部首
扌
てへん
漢字（手に関係がある）
投打指持拾折
技招採拝推捨

ホラ〜「扌＝手へん」がついた漢字はみんな「手」に関係のある字ばかりでしょ
投
持
折
それがどうして覚えやすいってことになるのサ
だって〜「指」は「手」にあるんだし「扌」はだれでも知ってる字だから右がわの「旨」だけを覚えればいいだけジャン
扌
旨
そうそうそうすると記憶する面積は漢字一個の半分ですむから楽でしょ

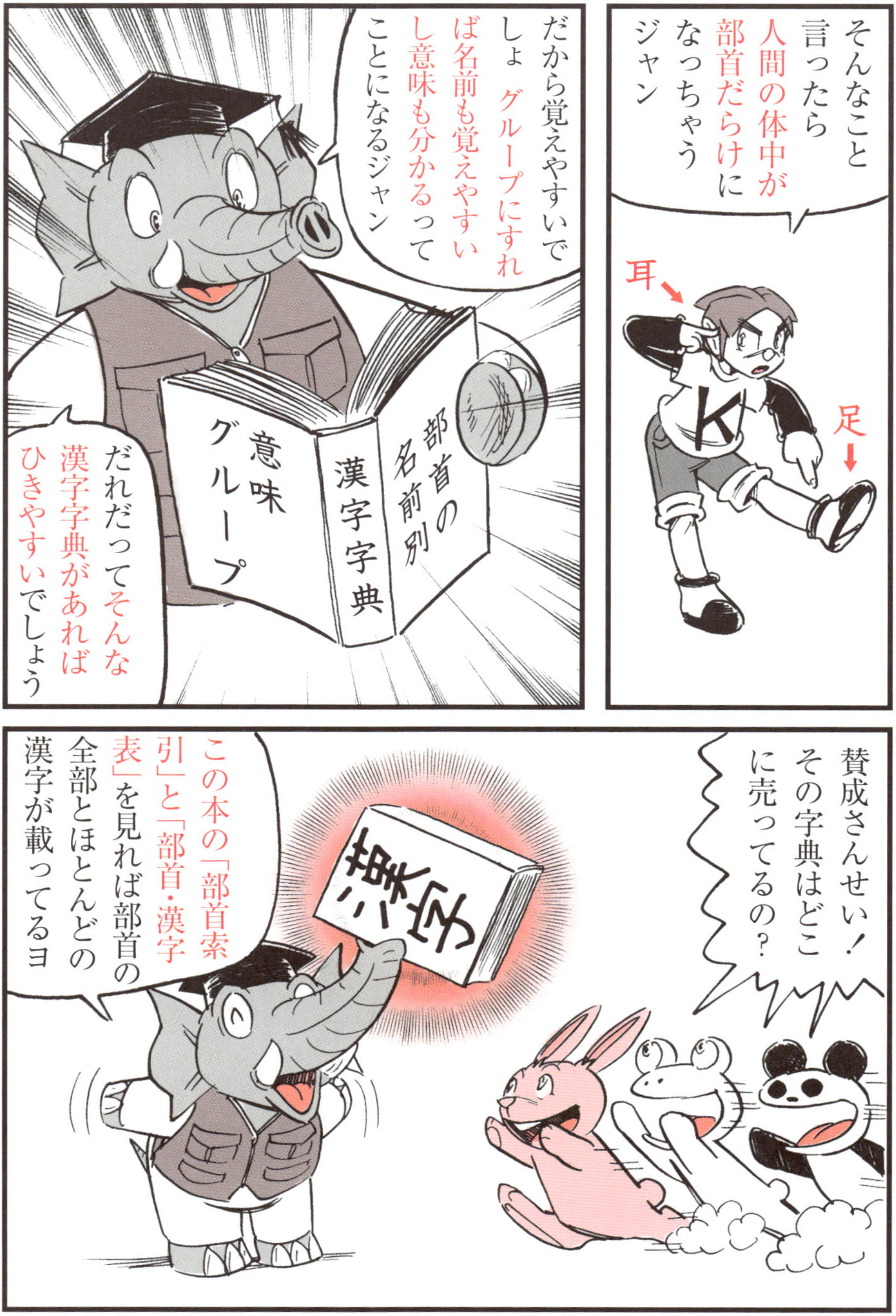
そんなこと言ったら人間の体中が部首だらけになっちゃうジャン
耳
足
だれだってそんな漢字字典があればひきやすいでしょう
部首の名前別
漢字字典
意味グループ
だから覚えやすいでしょ　グループにすれば名前も覚えやすいし意味も分かるってことになるジャン
賛成さんせぃ！その字典はどこに売ってるの？
漢字
この本の「部首索引」と「部首・漢字表」を見れば部首の全部とほとんどの漢字が載ってるヨ

1 部首を知らないから漢字字典がひけない

漢字なんて漢字字典をひけばすぐ分かるはずでしょ
漢字字典
部首索引
一画
二画
ウッソ〜 ボクは部首を知らないから字典の部首索引はひけないぜ画数順に並んでいるし名前も書いてないしワケわかんないヨ〜
かんぷん
ちんぷん
漢字
漢字字典

漢字を思い出しやすく忘れにくくするためのコツ

覚えるための考え方と方法〜部首編

そうだわネ 漢字の中のどれが部首かを知らない人は部首索引がひけないわよネ〜
建
及
承
?
それに画数だって正確には知らないから漢字字典なんて「夢のまた夢」サ

2 部首を名前別に分けてグループにして覚えよう

それでも「金＝かねへん」や「木＝きへん」とかは知ってるでしょ
銅
村
いつも使ってる漢字が部首になってるのは分かるけどナ～名前すら知らない部首がいっぱいありそうだぜ
幺
髟
字典の初めにある部首索引には部首の名前も書いてなかったヨ

それじゃ～まず 部首の名前を調べて種類別にグループを作ったら覚えやすくなるんじゃないかしら

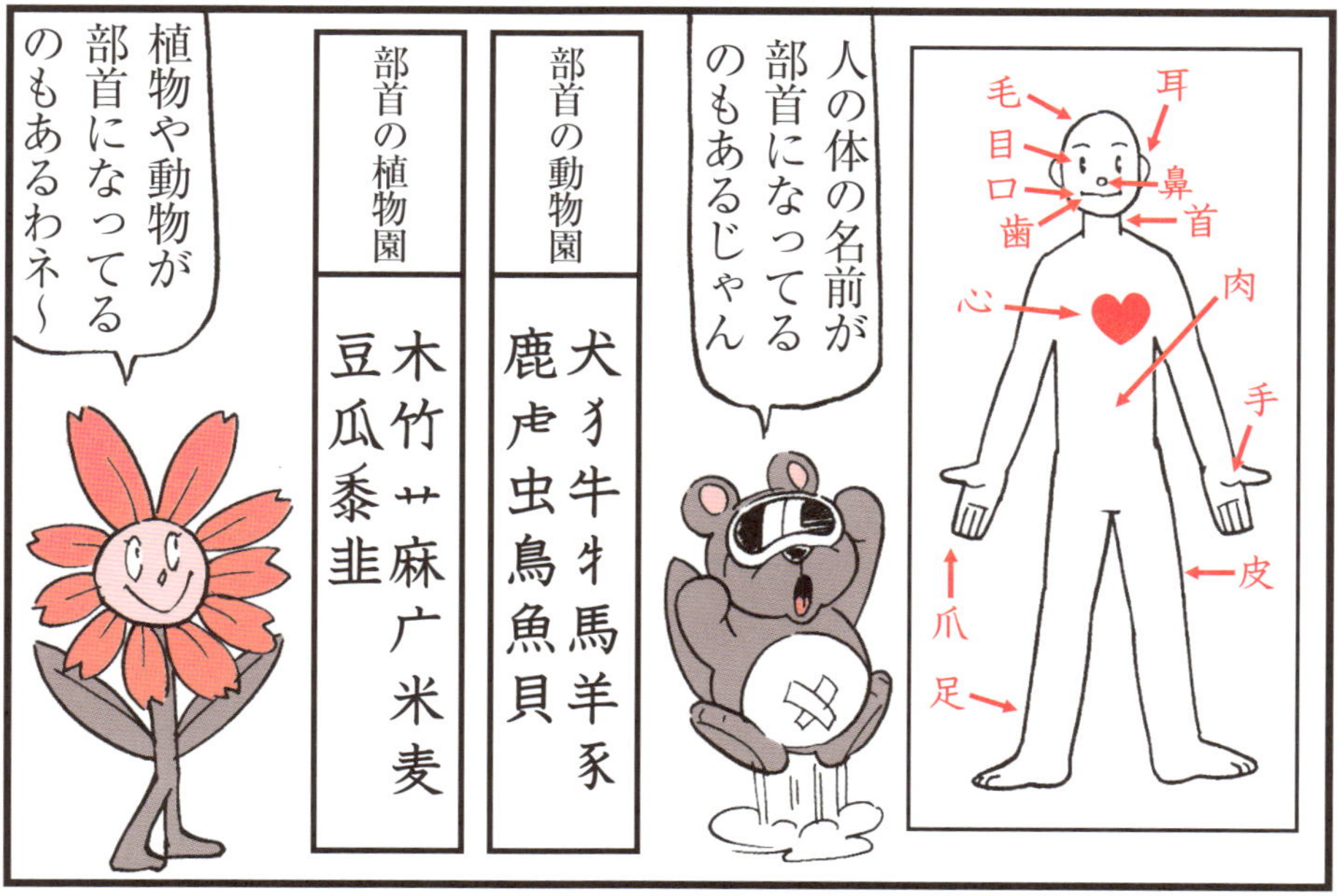
毛
耳
目
鼻
口
首
歯
心
肉
手
皮
爪
足
人の体の名前が部首になってるのもあるじゃん
部首の動物園
犬 犭 牛 牜 馬 羊 豕
鹿 虍 虫 鳥 魚 貝
部首の植物園
木 竹 艹 麻 广 米 麦
豆 瓜 黍 韭
植物や動物が部首になってるのもあるわネ～

だけど変な記号やカタカナが部首になってるのもあるんじゃないの～
亅乚灬巛忄
阝阝犭戈
マエノヒト
ハ爻ソツク
ナニコレ？

記号ったって名前があるんだから名前別グループにすれば覚えやすいジャン
自然の名前
体の名前
おもしろそうだわネ～覚えるための字典ってのがあれば助かるわネ
それなら私にも漢字字典がひけそうだワ
漢字記憶法字典

3　部首の名前別グループ

(1)　名前別に分ければ意味グループになる

名前別たって想像できないナ～どんなグループができるの？
体はぜんぶ部首なのサ
目口爻鼻耳歯舌
面首毛髟血骨爪
肉手扌足⻊・・・
自然は部首のお母さん
日曰月火灬水氺
氵冫夂山谷里阝
阝川巛土田・・・
部首植物園は花ざかり
木竹米豆艹艸屮
瓜麻广黍麦麥
韭・・・
キャ～ッ　楽しい　たのしい～　もっと造って早く　はやく

(2)

部首を意味別に分ければ
漢字も意味別に覚えられる

名前別ってことは漢字も「意味別グループ」ってことにもなるわネ
部首が意味別
心志応思
念急恩忄
快情悟⺗
恭慕
漢字も意味別
意味
部首＝漢字

これなら部首だとか音符だからなんて特別な記憶力なんかいらないジャン
覚えるだなんて思わなくっても何グループかなと思うだけで字典がすぐひけるんじゃな～い
じ～～～
怒
グループは何かナ？
あとは部首の名前を覚えさえすれば そして名前別字典があれば漢字字典が理解できてクラスで一番になれると思うわヨ
漢字記憶法字典
★部首
名前別＝意味別グループ
★漢字
意味別グループになる
そういう字典ができるまでこの本で勉強すれば日本で一番になれるゼ
だってこんな覚え方はだれも知らないんだも～ん キャッキャッ
日本一

(3)
意味が分からない部首や名前にも意味がないものがある
ちょっと待った〜「部首は意味を表わす」っていうから信じてたけど「意味がない」部首があるってことを聞いたことがあるぜ
部首に意味がない
マハソツクリワヨウ
部首名に意味がない
禾（のぎへん） 干（いちじゅう） 殳（るまた）
ウッソ〜 ホントニ〜 なんで意味のない部首ができるんだろう〜
ふつうに使われてる漢字が部首になってるときには「意味が分かる」部首になるんだけど…
火
日
皮
名前や言葉は長い年月とともに変化するもんだから意味とは関係のない名前がつくこともあるし
冖
宀
予 まかんむり
帰 り
漢字を省略したときに部首だった字が消えたために意味とは関係ない字が部首になっちゃったこともあったのサ

(4)
それは字形の共通点だけを部首にしたからサ
エ〜ッ 部首や漢字の読み方ってそんなにいいかげんについているもんなの？
今は名前や漢字を批判するのが目的なんじゃなくって記憶の効率を上げるための勉強法がだいじなんでしょ
部首と部首名
意味がある部首
字形を部首にした
そうそう 大きく分けると意味がある部首(名)と意味とは関係なく字形を部首や名前にしたものに分けられるようだネ
マエノヒトハ メメソツクリ タワヨウム
丨＝たてぼう
し＝つりばり
たとえば漢字の中のカタカナを部首にしたグループや部首の形を絵にして名前をつけたり
禾＝ノ＋木＝のぎへん
釆＝ノ＋米＝のごめへん
干＝一＋十＝いちじゅう
そういえば 部首を二つに分けてそのまま読めば部首の名前になっているグループだってあるわネ

(5)　部首を二つに分けてただ読むだけで部首の名前になっている

これまではなんで「禾」を「のぎへん」っていうのか理解できなかったけど字形をただ読んでいただけなのか～
ノウサギ?
禾
＝
ノ＋木
＝
のぎへん
そういう字がほかにもあるってことすら知らなかったぜ もうこうなったら記憶力なんか必要ないジャン

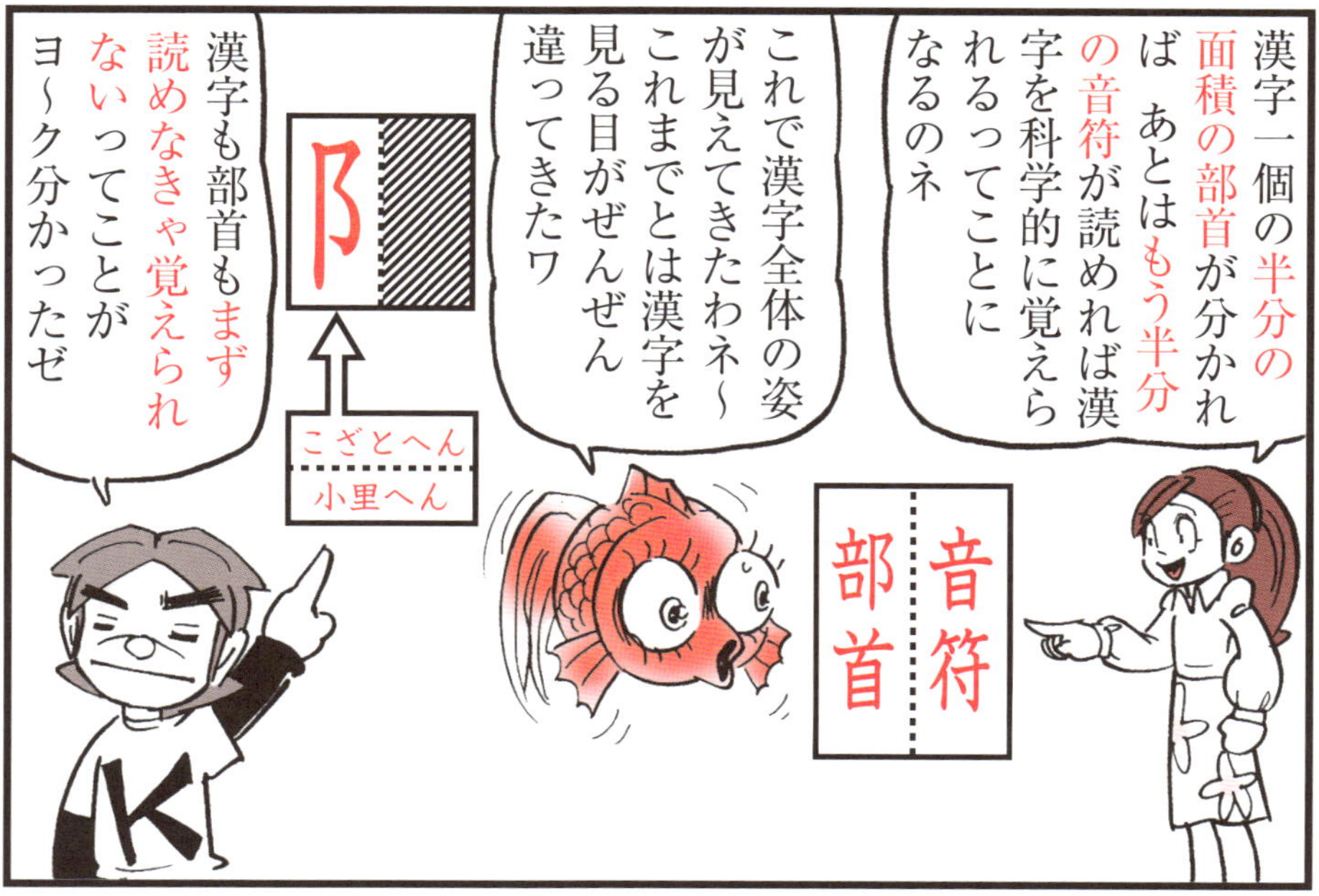
漢字一個の半分の面積の部首が分かれば　あとはもう半分の音符が読めれば漢字を科学的に覚えられるってことになるのネ
音符
部首
これで漢字全体の姿が見えてきたわネ～ これまでとは漢字を見る目がぜんぜん違ってきたワ
阝
こざとへん
小里へん
漢字も部首もまず読めなきゃ覚えられないってことがヨ～ク分かったぜ

「ただ読むだけでいい」っていうけど
そんな部首がどれだけあるのかネ〜

☆第一章

カナと漢字を読むだけで部首の名前になっている

【覚え方】
部首を、上から下にただ読むだけで部首の名前になっている。

(1)「カタカナ＋漢字」
①「ノ＋漢字」の形が三個。（禾・釆・攵）
②「ル＋漢字」が一個。（殳）

(2)「漢数字＋カタカナや漢字」
①「一＋カナ（＋漢字）」が二個。（歹・頁）
②「一＋漢数字」が一個。（干）
③「十＋漢字」が一個。（支）

1 部首がマンガになっちゃった
丸暗記の必要なし・ただ読むだけ
①「禾＝のぎへん」は
どうして「のぎへん」というのですか
②「攵＝のぶん」は
どうして「のぶん」というのですか

2 漢字能力検定クイズ
クイズを解くだけで覚えるポイントが身につく
(1)部首クイズ
(2)漢字クイズ
(3)熟語クイズ

3 部首と漢字の一覧表
(1)学習漢字は学習する学年まで表示
(2)常用漢字（中学生）もすべて掲載
(3)一般漢字も特殊なもの以外はすべて掲載

この部首の名前は「のぎへん」っつうのサ どうだい すっごい記憶力だろう
ポーン
禾
フ〜ン どうして「のぎへん」っつうの
理由なんかあるもんか 漢字はなんでもかんでも覚えりゃいいのサ
丸暗記で覚えた のぎへん
禾
な〜んだ ただ丸暗記してるだけジャンカ〜
ぶ〜〜〜

エ～ッ 部首の名前に理由なんかあるわけないジャン
ノ
＋
木
あるんだわよ～ダ
「禾」を上下に分けて「ノ＋木」にして見てごらんよ～ダッ
スッゴ～イ
「ノ＋木」をそのまま読んだら「のぎへん」になっちゃってるゼ
ただ読むだけで
のぎへん
ギャ～ これじゃ～
誰かさんみたいな丸暗記力なんかいらないジャ～ン
ツン
ツン

1章　カナと漢字をただ読むだけ ②

ア〜アッ ダメなんだ ダメなんだ 漢字をかってに 造っちゃ ダメなんだ
一つの漢字の面積の中にたくさんの文字を入れるときには省略することが多いんだわヨ〜ダッ
省略
(例)
9角
［9角の食］
食
8角
［8角の食］
飲
合体すると画数まで変わることがある
という例はたくさんあるわネ
ノ＋文＝攵
［部首名］＝のぶん
ほうらネやっぱり「のぶん」でもいいんだわヨ〜ダッ
ヤッパシ読むだけでいいのサ

第1章　部首を覚えるコツは
カナと漢字をただ読むだけ

☆各章のクイズのほとんどが、それぞれの「部首・漢字表」から出されていますから、その表を見て答えて下さい。
☆このクイズは、1章～7章まで、各章ごとの後半に出題されています。

漢字能力検定クイズ

サ～
チャレンジ
してみよう

★出題の順序★

1 部首クイズ
2 漢字クイズ
3 熟語クイズ

第1章

1 部首クイズ

※答えは74ページ

問題 (1) Aの①〜⑧の部首を、Bから選んで答えなさい。

A

	部首名	答え
①	のぎへん	
②	るまた	
③	いちたへん	
④	いちのかい	
⑤	のごめへん	
⑥	じゅうまた	
⑦	のぶん	
⑧	いちじゅう	

B

殳　支　干　頁　歹　攵　釆　禾

【ヒント】 Bの部首の字を「上から順」に読めばそれが部首の名前になっています。

問題 (2) ①〜⑤の漢字の部首を、下の◇に書きなさい。

① 残　答え
② 殺　答え
③ 順　答え
④ 数　答え
⑤ 科　答え

【ヒント】 漢字を左右に分ければ、どちらかが部首になっています。

問題(3) 次の①～③の質問に答えなさい。

① 「禾」はなぜ「のぎへん」というのですか。

② 「釆」はなぜ「のごめへん」というのですか。

③ 「干」はなぜ「いちじゅう」というのですか。

問題(4) 左の3個の漢字の部首はみな同じです。その部首を回答欄に書きなさい。

年　幸　平　→　答え

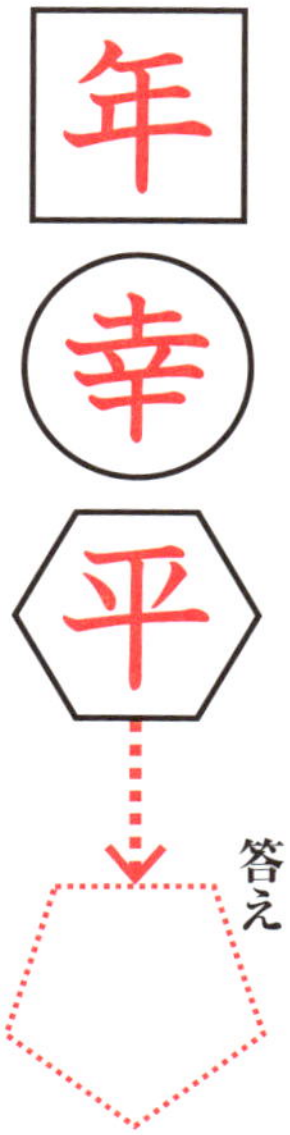

【ヒント】部首が漢字の中に組みこまれていますから漢字の中から部首を抜き出して下さい。

問題(5) 左の①・②は、それぞれ同じ部首がついている漢字です。その部首を回答欄に書きなさい。

① 豆　川　同じ部首　→　答え

② 方　正　同じ部首　→　答え

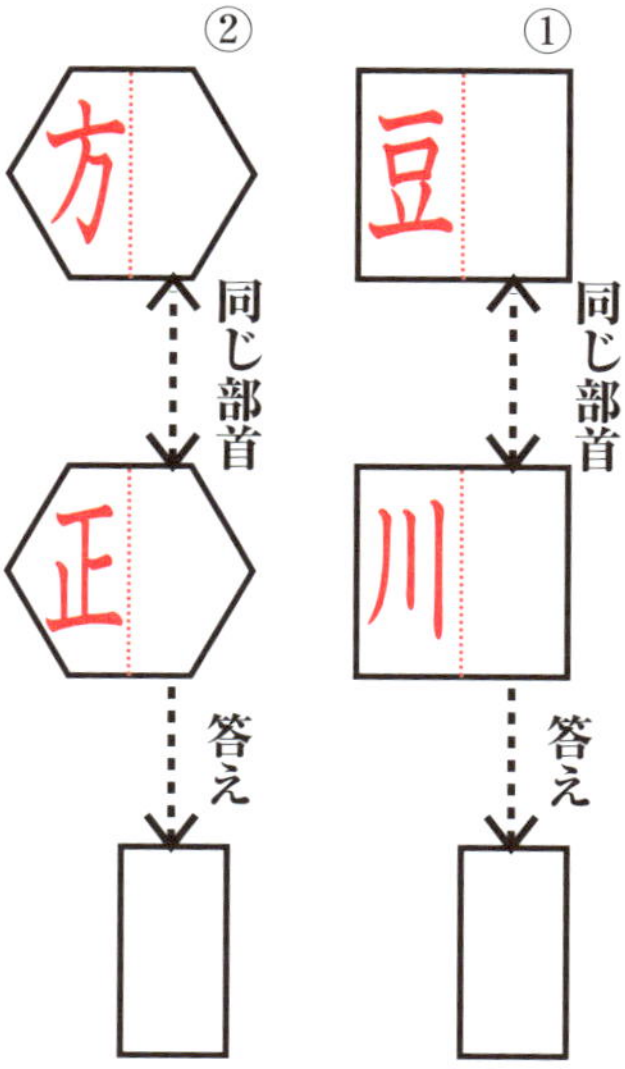

問題(6) 左の2つの文字の真ん中に、1つのカタカナを入れると左右に2つの漢字ができます。そのカタカナを答えなさい。

① ヒ　□　→　答え
② 歹　□

できた漢字が2個↓

① ヒ
② 歹

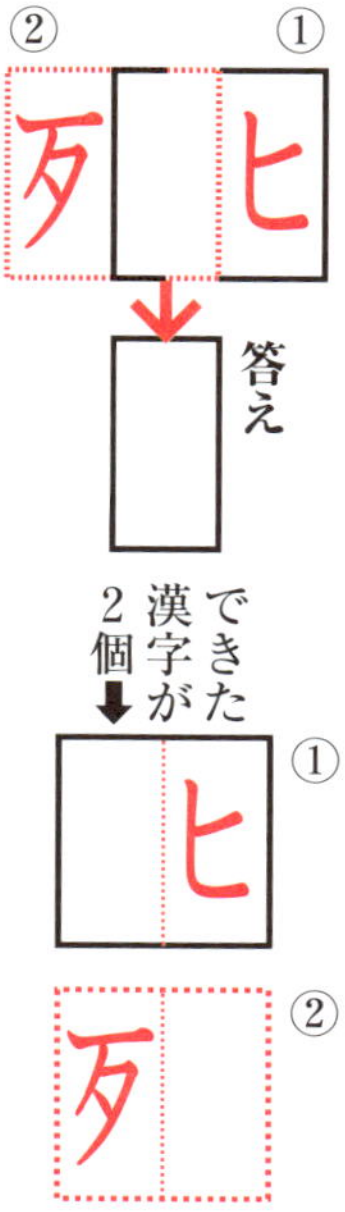

問題 (7) 次の漢字の中でひとつだけ、部首が「禾＝のぎへん」ではない漢字があります。その漢字を答えなさい。

秋　利　種　秒　私

【ヒント】1章の部首・漢字表の中の「禾＝のぎへん」の漢字の中に書かれていない字が右のワクの中にあります。

答え

問題 (8) 次の漢字の中でひとつだけ、部首が「攵＝のぶん」ではない漢字があります。その漢字を答えなさい。

数　放　敵　牧　改

【ヒント】1章の部首・漢字表の中の「攵＝のぶん」の行を見ると、その行には書かれていない漢字があります。

答え

2 漢字クイズ

※答えは74ページ

問題 (1) 次の漢字の**音読み**と**訓読み**を書きなさい。
送りがながあれば(カッコ)を付けて答えなさい。
※音訓とも、常用漢字にない読み方には「なし」と書いて下さい。

	①	②	③	④	⑤
漢字	私	整	頂	幹	段
音読み					
訓読み					

【ヒント】 Ⅰ 漢字の読み方は、部首・漢字表に続く「読みがな表」に書いてあります。
Ⅱ 常用漢字にない読み方は、よく使われるものだけ「カッコ」つきで掲載しています。

問題 (2) 左のワクの中の文字をぜんぶ使って一個の漢字を造り、□の中に書きなさい。

① 女 攵 米

答え □

② ノ 貝 一 川

答え □

③ ツ 干 土

答え □

④ 木 又 几 メ

答え □

問題 (3)
[A]の中の漢字と、[B]の中の漢字を一個ずつ組み合わせて、全部で四個の漢字を造りなさい。

[A]

少　正　豆　山（例）　尺

[B]

采　支（例）　禾　夂　頁

※順不同

答え	①	②	③	④	例
					岐

問題 (4)
次のワクの中の文字を組み合わせて、六個の漢字を造りなさい。ただし、1章の表の漢字中の漢字にかぎります。（一個の文字は一回のみ使用）

古　責　令　求　多　予　頁　頁　夂　夂　禾　禾

答え

ア
イ
ウ
エ
オ
カ

※順不同

第1章

3 熟語クイズ

☆熟語ですから、「1章以外の漢字」が出ることもあり、学習漢字以外の漢字が出ることもあります。※答えは74ページ

問題 (1) 次の①~⑧のカタカナの言葉を漢字で答えなさい。

	熟語の読み	漢字
①	薬はイサンを飲んだ	
②	ゼイキンをおさめる	
③	ヒミツにします	
④	作文のダイメイを書く	
⑤	入学ガンショを出す	
⑥	会合のカンジになった	
⑦	シシュツが多い	
⑧	ジサツが増えた	

問題 (2) 次の空いている□に漢字を入れて、二つの熟語を作りなさい。漢字は下の赤ワクから選びなさい。

① 頂 □ 段（熟語・熟語）

② 敗 □ 死（熟語・熟語）

③ 整 □ 字（熟語・熟語）

④ 預 □ 額（熟語・熟語）

金	数	上	戦

新部首グループと漢字一覧表

（部首を名前で分類・漢字塾太郎創作）

記号の意味

①（新）＝常用漢字制定後に創られた新しい部首と部首名。
②（W）＝同一の部首が複数回、掲載されていることを表わす記号。
③（部首の文字に付記されている〈カッコ〉＝その部首の右に表示されている部首と同一部門の部首であることを示している。

1章　カナと漢字を読むだけで部首の名前になっている　九個

部首	部首の名前（部首名）とおぼえ方	漢字（○の中の数字は小学生の学習学年・◎は常用漢字・◇は一般高頻度漢字）
禾	のぎへん⬇（ノ＋木）だから（のぎへん）	②秋科 ③秒 ④種積 ⑤税移程 ⑥私秘穀 ◎秀称租秩稚 稲稼稿穂穫 ※利⬆りっとうの中に分類されています。
釆	のごめへん⬇（ノ＋米）だから（のごめへん）	◎釈 ◇釉（ゆう） ※「禾」や「釆」はよく会意文字に使われる。 ⇩審議（しんぎ）・知悉（ちしつ）・八幡（やわた）・蟋蟀（こおろぎ）
文	のぶん・ぼくにょう⬇（ノ＋文）だから（のぶん）	②数教 ③放整 ④改救敗散 ⑤政故敵 ⑥敬 ◎攻敏敢敷
〈攵〉	〈とまた・ぼくにょう〉⬇（ト＋又）だから（とまた）	◇敦（あつ・い＝重厚）※牧⬆動物（牛）を飼う場所だからうしへん。 ◇敍（ジョ・ショ＝順序よく述べる）・敲（コウ・キョウ＝固いものでたたく）
歹	いちたへん・がつへん・かばねへん⬇（一＋夕）だから（いちたへん）	③死 ④残 ◎殊殖殉
頁 W	いちのかい・おおがい⬇（一＋ノ＋目＋八）だから（いちのかい）	②頭顔 ③題 ④順類願 ⑤預領額 ⑥頂 ◎項頑頒頼頻顕 顧 ◇頁（ページ）須（ス）頬（ほほ・ほお）
干 W	いちじゅう・かん⬇（一＋十）だから（いちじゅう）	①年 ③幸平 ⑤幹 ⑥干
支	じゅうまた・しにょう⬇（十＋又）だから（じゅうまた）	⑤支 ※「支」はよく音符として使われる。⇩伎（キ・ギ〜歌舞伎かぶき）・妓（キ・ギ〜名妓めいぎ）・岐（キ・ギ〜岐阜ぎふ）・ 技（キ・ギ〜技術ぎじゅつ）・肢（シ〜四肢しし）
殳 W	るまた・ほこつくり⬇（ル＋又）だから（るまた）	④殺 ⑥段 ◎殴殻殿

漢字表の中の漢字の読み方

※漢字の表での掲載順（音読み＝カタカナ・訓読み＝ひらがな）になっています。
※漢字の「読み」は、常用漢字までを原則とし、さらによく使われる「読み」も付け加えています。
※音・訓のどちらかの「読み」がない場合は空欄とします。

1章　カナと漢字を読むだけで部首の名前になっている

部首	[漢字] 読み方
禾	[秋] シュウ　あき　[科] カ　[秒] ビョウ　[種] シュ　たね　[積] セキ　つ・む
	[税] ゼイ　[移] イ　うつ・る　[程] テイ　ほど　[私] シ　わたくし　[秘] ヒ　ひ・める
	[穀] コク　[秀] シュウ　ひい・でる　[称] ショウ　[租] ソ　[秩] チツ　[稚] チ
	[稲] トウ　いね　いな　[稼] カ　かせ・ぐ　[稿] コウ　[穂] スイ　ほ　[穫] カク　※のぎへん
釆	[釈] シャク　※のごめへん
攵	[数] スウ　ス　かず　かぞ・える　[教] キョウ　おし・える　おそ・わる　※のぶん・ぼくにょう
	[放] ホウ　はな・す　[整] セイ　ととの・える　[改] カイ　あらた・める
	[救] キュウ　すく・う　[敗] ハイ　やぶ・れる　[散] サン　ち・る
	[政] セイ　ショウ　まつりごと　[故] コ　ゆえ　[敵] テキ　かたき
	[敬] ケイ　うやま・う　[攻] コウ　せ・める　[敏] ビン　[敢] カン　あえ・て　[敷] フ　し・く
歹	[死] シ　し・ぬ　[残] ザン　のこ・る　[殊] シュ　こと　[殖] ショク　ふ・える　[殉] ジュン　※いちたへん

頁

[頭]トウ　ズ　あたま　かしら　[顔]ガン　かお　[題]ダイ
[順]ジュン　[類]ルイ　[願]ガン　ねが・う　[預]ヨ　あず・ける
[領]リョウ　レイ　[額]ガク　ひたい　[頂]チョウ　テイ　いただ・く　いただき
[項]コウ　[頑]ガン　[頒]ハン　[頼]ライ　たの・む　たよ・る
[頻]ヒン　[顕]ケン　[顧]コ　かえり・みる

※おおがい・いちのかい

干

[年]ネン　とし　[幸]コウ　さいわ・い　さち　しあわ・せ
[平]ヘイ　ビョウ　ひら　たい・ら　[幹]カン　みき　[干]カン　ほ・す　ひ・る

※いちじゅう

支

[支]シ　ささ・える

※じゅうまた・しにょう

殳

[殺]サツ　サイ　セツ　ころ・す　[段]ダン　[殴]オウ　なぐ・る　[殻]カク　から
[殿]テン　デン　との　どの

※るまた・ほこつくり

1章のクイズの解答欄

1 部首クイズ

問題(1)　①禾　②殳　③歹　④頁　⑤釆　⑥支　⑦攵　⑧干

問題(2)　①歹　②殳　③頁　④攵　⑤禾

問題(3)　①二つに分けると「ノ＋木」になるから。
②二つに分けると「ノ＋米」になるから。
③二つに分けると「一＋十」になるから。

問題(4)　干　　問題(5)　①頁　②攵　　問題(6)　ヒ

問題(7)　利　　問題(8)　牧

2 漢字クイズ

問題(1)　①シ・わたくし　②セイ・ととの（う・える）
③チョウ・いただ（く）　④カン・みき
⑤ダン・タン・「なし」

問題(2)　①数　②順　③幸　④殺

問題(3)　①釈　②秒　③政　④頭（順不同）

問題(4)　ア移　イ積　ウ救　エ故　オ預　カ領（順不同）

3 熟語クイズ

問題(1)　①胃散　②税金　③秘密　④題名　⑤願書
⑥幹事　⑦支出　⑧自殺

問題(2)　①上　②戦　③数　④金

漢字をバラバラにすれば
どこかに一つっくらい
カタカナが
見つかるだろうサ

☆第二章

漢字の中のカタカナが部首 だから カナをみつけるだけでいいのサ

アッ それで思いついたぜ
カタカナの部首の覚え方は
こうしようぜ～
「マエノヒトハメメソツクリリダワヨウム」
これがカタカナの部首全部なのサ

1 部首がマンガになっちゃった

丸暗記の必要なし・カナを見つけるだけ

① 「夢」の中にカタカナはありますか
二つあるけどどっちが部首だろう

② 「爽」の中にカタカナはありますか
四つあるけどどれが部首だろう

2 漢字能力検定クイズ

クイズを解けば覚えるポイントがわかる

(1) 部首クイズ
(2) 漢字クイズ
(3) 熟語クイズ

3 部首と漢字の一覧表

(1) 学習漢字は学習する学年まで表示
(2) 常用漢字（中学生）もすべて掲載
(3) 一般漢字も特殊なもの以外はすべて掲載

2章　漢字の中のカタカナが部首 ①

「夢」に関係がありそうな字を見つけりゃいいんだナ
ムニャ
ムニャ
艹
罒
冖
夕
「夢」は夜眠っているときに見るもんだから
おやすみ
分かった～夜と関係がある字なら「夕《ゆうべ》」だからこれが部首に決まってら～
夢
ゆうべ
夕
グーー
当ったり～部首名は「ゆうべ」か「た」で～すっ

2章　漢字の中のカタカナが部首 ②

どうして目がパッチリしてると「爽快」だっていえるの
パチ
パチ
だって「爽」の字には「メ」が四つも書いてあるからヨ
爽
メ
メ
メ
メ
フ〜ン だからこの字の部首は「メメ」ってことになるのか〜
あったり前のうしろも当たり〜
爽
部首
めめ（メメ）
あたり
あたり
!

第2章　覚えるコツは～カナを探すだけサ

漢字能力検定クイズ

☆各章のクイズのほとんどが、それぞれの「部首・漢字表」から出されていますから、その表を見て答えて下さい。
☆このクイズは、1章～7章まで、各章ごとの後半に出題されています。

★出題の順序★

1 部首クイズ
2 漢字クイズ
3 熟語クイズ

漢字表を見ればすぐ分かるワ

第2章

1 部首クイズ

漢字の中のカタカナを探せ

問題 (1) 次の①～⑯の部首を使っている漢字を、下のワクから選び、漢字で答えなさい。

※答えは90ページ

	①	②	③	④	⑤	⑥	⑦	⑧
部首名	ワかんむり	エがまえ	りっとう	ツかんむり	ぼくのト	かたな	かなのハ	マかんむり
漢字								

	⑨	⑩	⑪	⑫	⑬	⑭	⑮	⑯
部首名	ウかんむり	タ（ゆうべ）	かなのム	ノかんむり	かなのヒ	かなのリ	ソかんむり	クかんむり
漢字								

予　密　前　北

並　写　帰

典　参　占　初

差　厳　外　争　久

問題(2) 次のワクの中に一つだけ、部首が「**かなのヒ**」の漢字があります。その漢字を答えなさい。

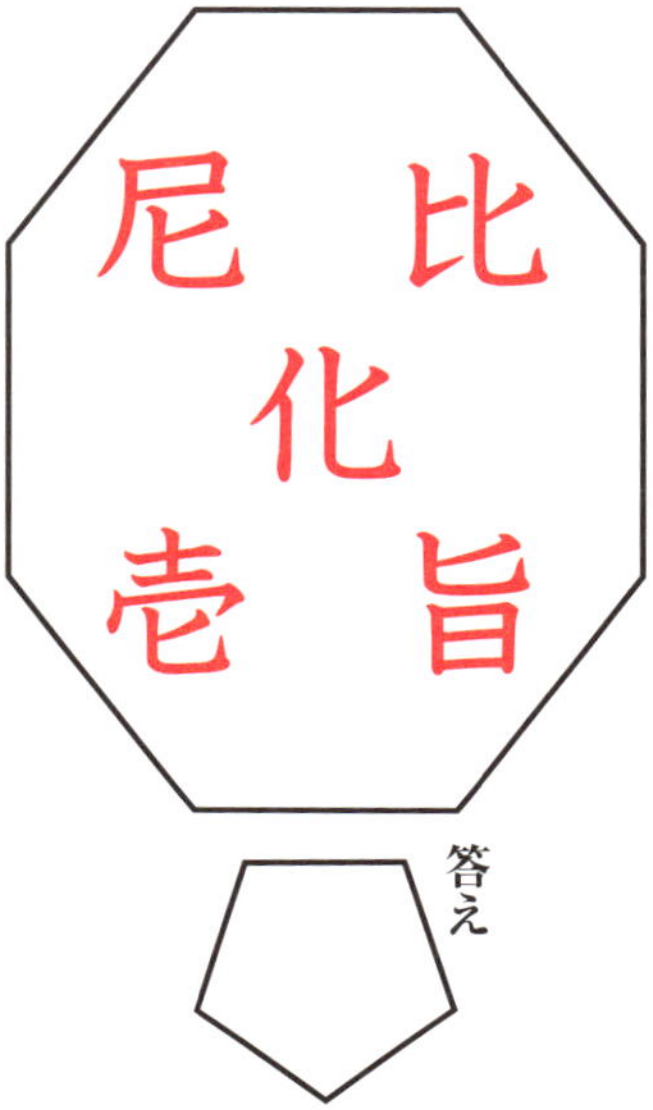
比
尼
化
壱
旨
答え

問題(3) 次のワクの中に一つだけ部首が「**ツかんむり**」の漢字があります。その漢字を答えなさい。

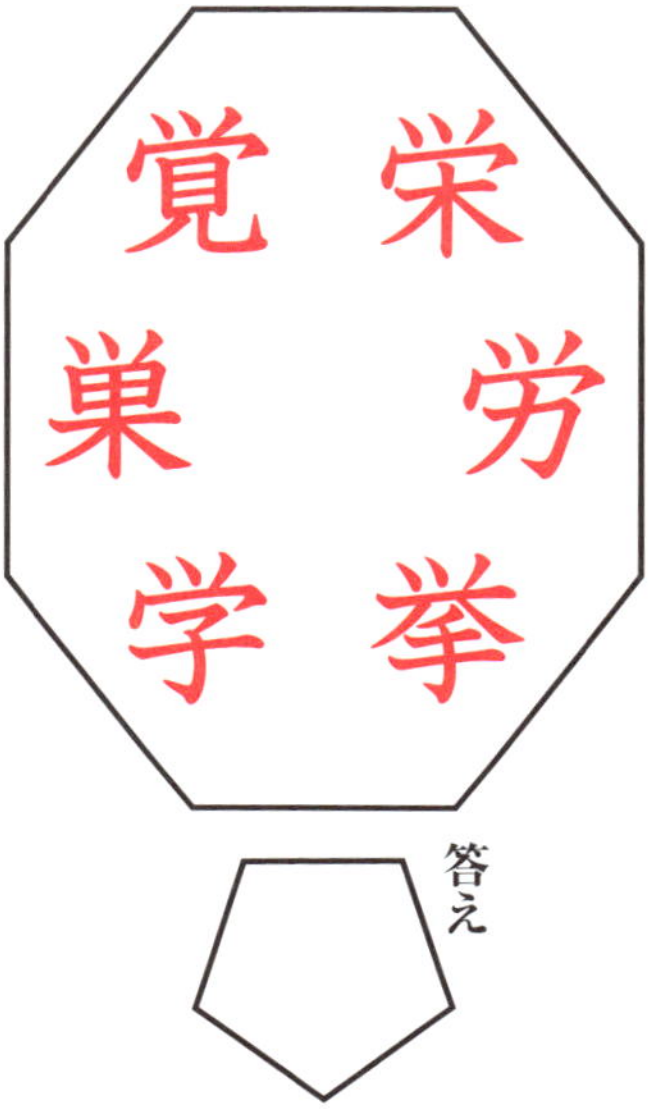
栄
覚
労
巣
挙
学
答え

問題(4) 二つの字の真ん中の□に、一つの部首を入れると、**上下に二個の漢字ができます。**その部首を答えなさい。

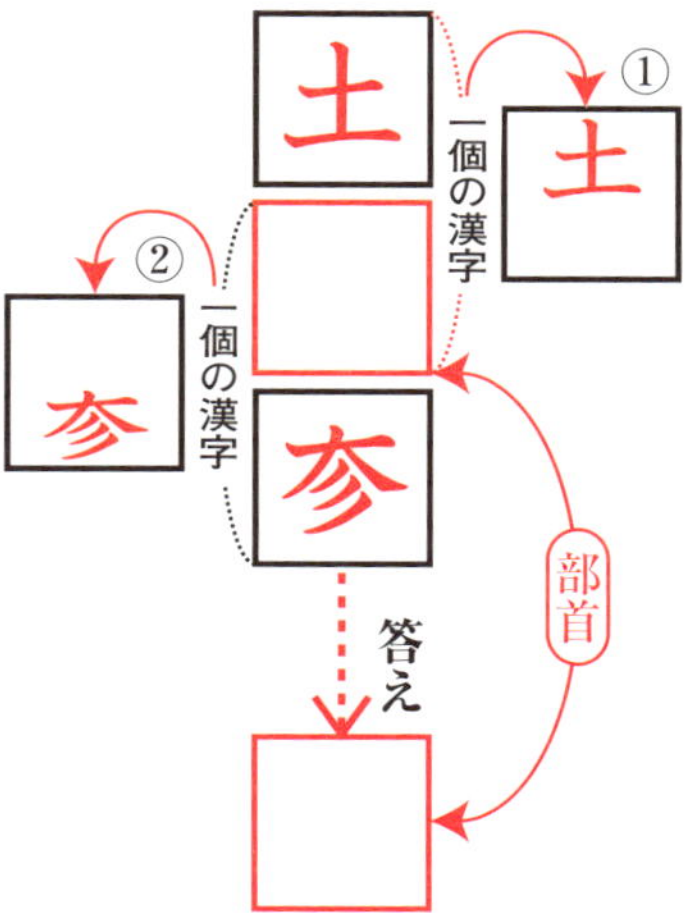
土
①
一個の漢字
土
②
一個の漢字
参
参
部首
答え

問題(5) 二つの字の真ん中の□に、一つの音符を入れると、**左右に二つの漢字ができます。**その音符を答えなさい。（幻の漢字＝音符第一章）の表から探して下さい。

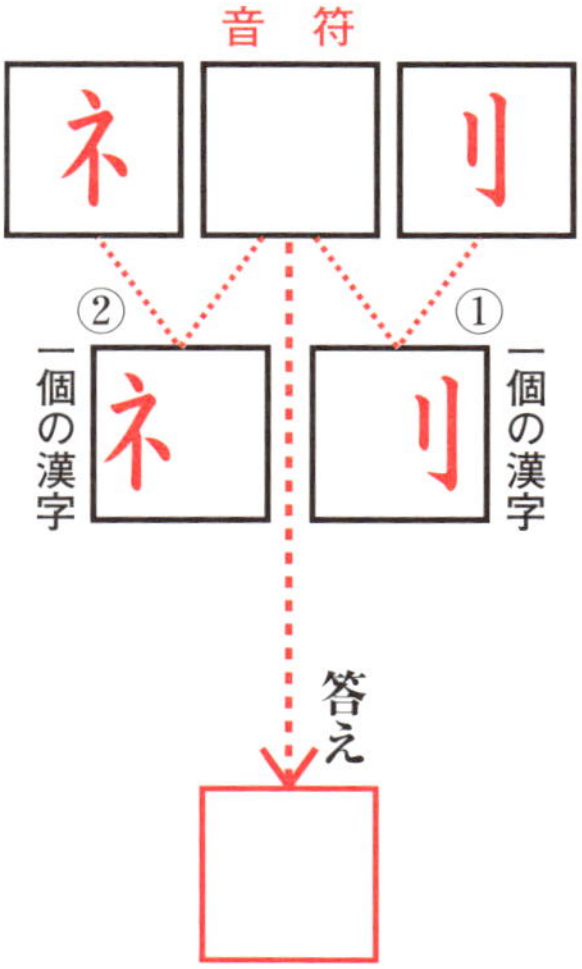
音符
ネ
リ
②
①
一個の漢字
ネ
リ
一個の漢字
答え

第2章 漢字クイズ

漢字の中のカタカナを探せ

※答えは90ページ

問題 (1) 次の漢字の音読みと訓読みを答えなさい。
送りがながあれば(カッコ)を付けて答えなさい。
※音訓とも、常用漢字にないものには「なし」と答えて下さい。

	漢字	音読み	訓読み
①	予		
②	差		
③	乗		
④	共		
⑤	並		
⑥	巣		
⑦	宅		

【ヒント】漢字の読みがなは、「部首・漢字表」に続く「読みがな表」に書いてあります。

問題 (2) 次のAとBの中から文字を一個ずつ取り出し、それを合体させて一個の漢字を作りなさい。全部で八個の漢字を作りなさい。(部首・漢字表から探して下さい)

答え

①
②
③
④
⑤
⑥
⑦
⑧

※順不同

A

リ　与　尹　ハ
半　玉　刀　タ

B

丘　リ　タ　八
宀　ク　冖　帚

第2章

3 熟語クイズ

☆熟語ですから「部首・漢字表」以外の漢字が出ることもあります。
☆学習漢字以外の漢字が出ることがあります。
☆送りがなのあるときは、（カッコ）を付けて下さい。

※答えは90ページ

問題 **(1)** 次の①～⑧の——線が付いているカタカナの言葉を漢字で答えなさい。

	熟語の読み	漢字
①	図画コウサクが好きだ	
②	電車にノりました	
③	ブング店で鉛筆《えんぴつ》を買いました	
④	横にナラびなさい	
⑤	一つだけならタンスウという	
⑥	カイスウケンを買いました	
⑦	ウチュウに飛んで行きたい	

問題 **(2)** 次のAとBのワクの中から、それぞれ一個ずつ漢字を取り出して、**二字熟語**を作りなさい。

A

左 実 定 風
前 久 夢 時

B

初 右 刻 列
予 寒 害 永

答え

順不同

問題 (3) 次の一個のワクの中の文字を、それぞれ全部使って一個の漢字を作りなさい。

①

②

③
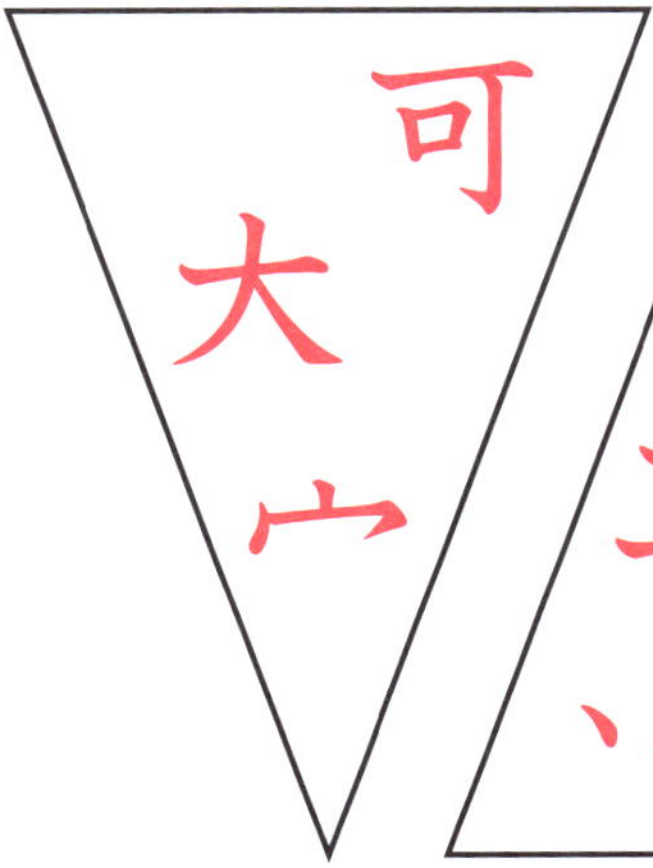

① 答え

② 答え

③ 答え

④
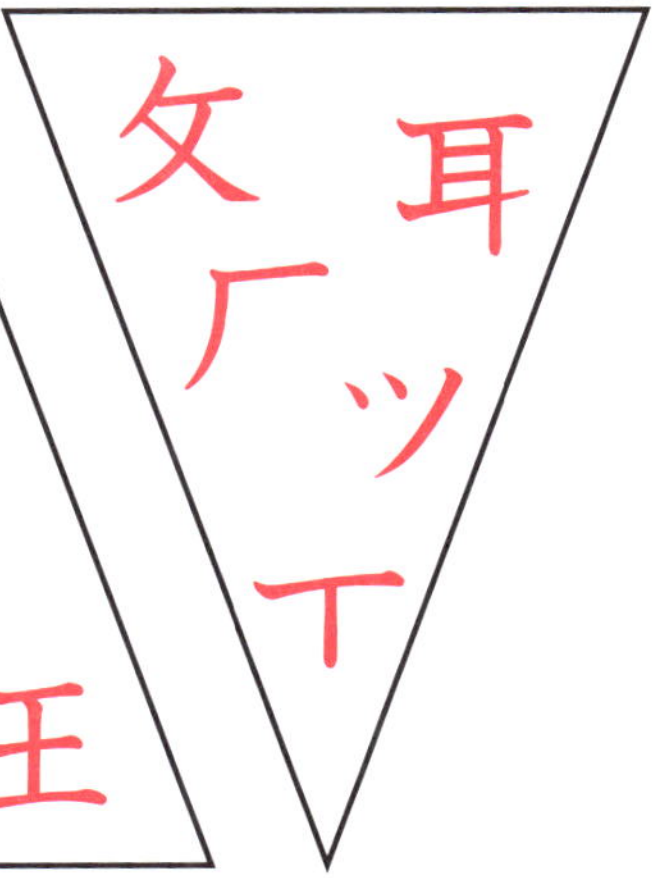

⑤

⑥

④ 答え

⑤ 答え

⑥ 答え

2章　漢字の中のカタカナが部首なのサ　二〇個

※記号の意味は71ページ参照

部首	部首の名前（部首名）	漢字（○の中の数字は小学生の学習学年・◎は常用漢字・◇は一般高頻度使用漢字）
マ 新	ま・まかんむり	③予　※「予」の部首を「亅」とする字典もある。
エ	え・たくみへん・えがまえ	①左　②工　④差　◎巧巨　※「巨」は2章の「匚＝はこがまえ」の欄にも掲載。
ノ	のかんむり・はらいぼう	③乗　⑤久　◎乏及　※「及」の部首を「又」とする字典もある。
ヒ	ひ・カナのヒ・あいくち	②北　③化　◇匙（さじ）
ト	と・ぼくのと・うらない	◎占　◇卜（占卜＝センボク〜占うこと）・卦（八卦＝ハッケ）
ハ 新	は・カナのハ	①六　③具　④共兵典　※「ハ」は㈶日本漢字能力検定協会の新設部首。
爻 W	めめ・まじわる	◇爽（爽快＝そうかい）・爾（ジ・ニ＝なんじ〜相手をさす二人称）
ソ 新	そかんむり	⑥並　◎兼　※「並」の部首を「立・二」とする字典もある。
ツ 新	つかんむり	④単巣　⑤営　⑥厳
ク 新	くかんむり	④争　※「争」の部首を「亅・爪」とする字典もある。
リ 新	カナのリ	②帰　※「帰」の部首を「止」とする字典もある。
刂 W	りっとう	②前　③列　④利別刷副　⑤刊判制則　⑥刻割創劇　◎刈刑到刺削剖剛剣剤剰
〈刀〉	〈かたな〉	②刀分切　④初　⑤券　◎刃
タ	た・ゆうべ	①夕　②多外夜　⑤夢
ワ	ワかんむり	③写　◎冗冠　◇冥（冥土＝めいど）・冦（コウ・ク＝外から攻めてくる賊）
ヨ	カナのヨ・けいがしら	◇彙　彖（彙や彖）の異体字
〈ヨ〉	〈カナのヨ・けいがしら〉	◇彗（彗星＝スイセイ）
〈彑〉	〈カナのヨ・けいがしら〉	◇彙（イ＝集める）・彖（タン＝逃げ隠れする）
ウ	うかんむり	②家室　③安守実定客宮宿寒　④完官害察　⑤容寄富　⑥宅宇宙宗宝宣密　◎宜宰宴宵寂寝寛寡寧審寮
ム	む・カナのム	③去　④参

［おぼえ方］前の人は目々そっくりた（だ）わようむ。　［注意点］(1)㈶日本漢字能力検定協会の新設部首［ハ］＝六共具兵典・［八］＝八公兼　(2)他の字典では、「ハ」の部首はあまり見られません。

漢字表の中の漢字の読み方

2章　漢字の中のカタカナが部首なのサ

部首	［漢字］読み方	
マ	［予］ヨ　あらかじ・め	※ま・まかんむり
エ	［左］サ　ひだり　［工］ク　コウ　［差］サ　さ・す　［巧］コウ　たく・み　［巨］キョ　コ	※え・えがまえ
ノ	［乗］ジョウ　の・る　［久］キュウ　ク　ひさ・しい　［乏］ボウ　とぼ・しい ［及］キュウ　およ・ぶ	※のかんむり
ヒ	［北］ホク　きた　［化］カ　ケ　ば・ける　［匙］ジ　さじ	※カナのヒ
ト	［占］セン　うらな・う　し・める	※ぼくのと
ハ	［六］ロク　リク　む　むっ・つ　［具］グ　［共］キョウ　とも　［兵］ヘイ　ヒョウ ［典］テン	※カナのハ
爻	［爽］ショウ　ソウ　さわや・か　［爾］ジ　ニ　なんじ	※めめ
ソ	［並］ヘイ　なみ　なら・ぶ　［兼］ケン　か・ねる	※そかんむり
ツ	［単］タン　［巣］ソウ　す　［営］エイ　いとな・む ［厳］ゲン　ゴン　おごそ・か　きび・しい	※つかんむり

部首	漢字	備考
ク	[争] ソウ　あらそ・う	※くかんむり
リ	[帰] キ　かえ・る	※カナのリ
刂	[前] ゼン　まえ　[列] レツ　[利] リ　き・く　[別] ベツ　わか・れる [刷] サツ　す・る　[副] フク　[刊] カン　[判] ハン　バン　[制] セイ　[則] ソク [刻] コク　きざ・む　[割] カツ　わり　わ・る　さ・く　[創] ソウ　[劇] ゲキ [刈] か・る　[刑] ケイ　[到] トウ　いた・る　[刺] シ　さ・す [削] サク　けず・る　[剖] ボウ　[剛] ゴウ　[剣] ケン　つるぎ　[剤] ザイ [剰] ジョウ	※りっとう
〈刀〉	[刀] トウ　かたな　[分] フン　ブ　ブン　わ・ける　わ・かる　[切] セツ　き・る [初] ショ　はつ　はじ・め　うい　そ・める　[券] ケン　[刃] ジン　は	※かたな
夕	[夕] セキ　ゆう　[多] タ　おお・い　[外] ガイ　ゲ　そと　はず・れる　ほか [夜] ヤ　よ　よる　[夢] ム　ゆめ	※た・ゆうべ
冖	[写] シャ　うつ・す　[冗] ジョウ　[冠] カン　かんむり	※ワかんむり
ヨ	[彙] イ　[彖] タン	
〈ヨ〉	[彗] スイ	
〈彑〉	[彙] イ　[彖] タン	※カナのヨ
宀	[家] カ　ケ　いえ　や　[室] シツ　むろ　[安] アン　やす・い [守] シュ　ス　まも・る　[実] ジツ　み　みの・る　[定] ジョウ　テイ　さだ・める [客] キャク　カク　[宮] キュウ　グウ　みや　[宿] シュク　やど　やど・る	

ム

［寒］カン　さむ・い　［完］カン　［官］カン　［害］ガイ　［察］サツ　［容］ヨウ
［寄］キ　よ・る　［富］フ　フウ　とみ　と・む　［宅］タク　［宇］ウ　［宙］チュウ
［宗］シュウ　ソウ　むね　［宝］ホウ　たから　［宣］セン　［密］ミツ　［宜］ギ　よろ・しく
［宰］サイ　［宴］エン　うたげ　［宵］ショウ　よい　［寂］ジャク　セキ　さび・しい
［寝］シン　ね・る　［寛］カン　［寡］カ　［寧］ネイ　［審］シン　［寮］リョウ

※うかんむり

［去］キョ　コ　さ・る　［参］サン　まい・る

※む・カナのム

2章のクイズの解答欄

1 部首クイズ

問題(1) ①写 ②差 ③前 ④厳 ⑤占 ⑥初 ⑦典 ⑧予
⑨密 ⑩外 ⑪参 ⑫久 ⑬北 ⑭帰 ⑮並 ⑯争

問題(2) 化（比＝くらべるヒ 旨＝にちへん 尼＝かばね・しかばね 壱＝さむらい）

問題(3) 巣（栄＝き 労＝ちから 挙＝て 覚＝みる 学＝こどものこ）

問題(4) ム 問題(5) 畐

2 漢字クイズ

問題(1) ①ヨ あらかじ(め) ②サ さ(す)
③ジョウ の(る) ④キョウ とも
⑤ヘイ なみ なら(ぶ) ⑥ソウ す
⑦タク なし

問題(2) 帰 写 宝 判 兵 多 分 争

3 熟語クイズ

問題(1) ①工作 ②乗 ③文具 ④並 ⑤単数
⑥回数券 ⑦宇宙

問題(2) 左右 前列 時刻 永久 予定
初夢 寒風 実害

問題(3) ①巣 ②並 ③寄 ④厳 ⑤差 ⑥密

☆第三章

絵文字が部首になっちゃった だから 記憶力なんかいらないのサ

漢字だって部首だって
絵文字からできているのサ

それじゃ～ これは
ボウの先がはねているから
「はねぼう」かしら

3章　絵文字が部首になっちゃった ①

お母さ～ん
これな～に？
つりばり
し
つん
つん
つん
つん
これはネ～　こわい
コワ～イ　もんだから
さわっちゃだめヨ～ン

ピク
ピク
おっ！
ひいてるゾ
何がつれる
かナ
エ～ッ　なんで～？
し
これは「つりばり」と
言ってネ「はり」の先に
エサがついていてネ～

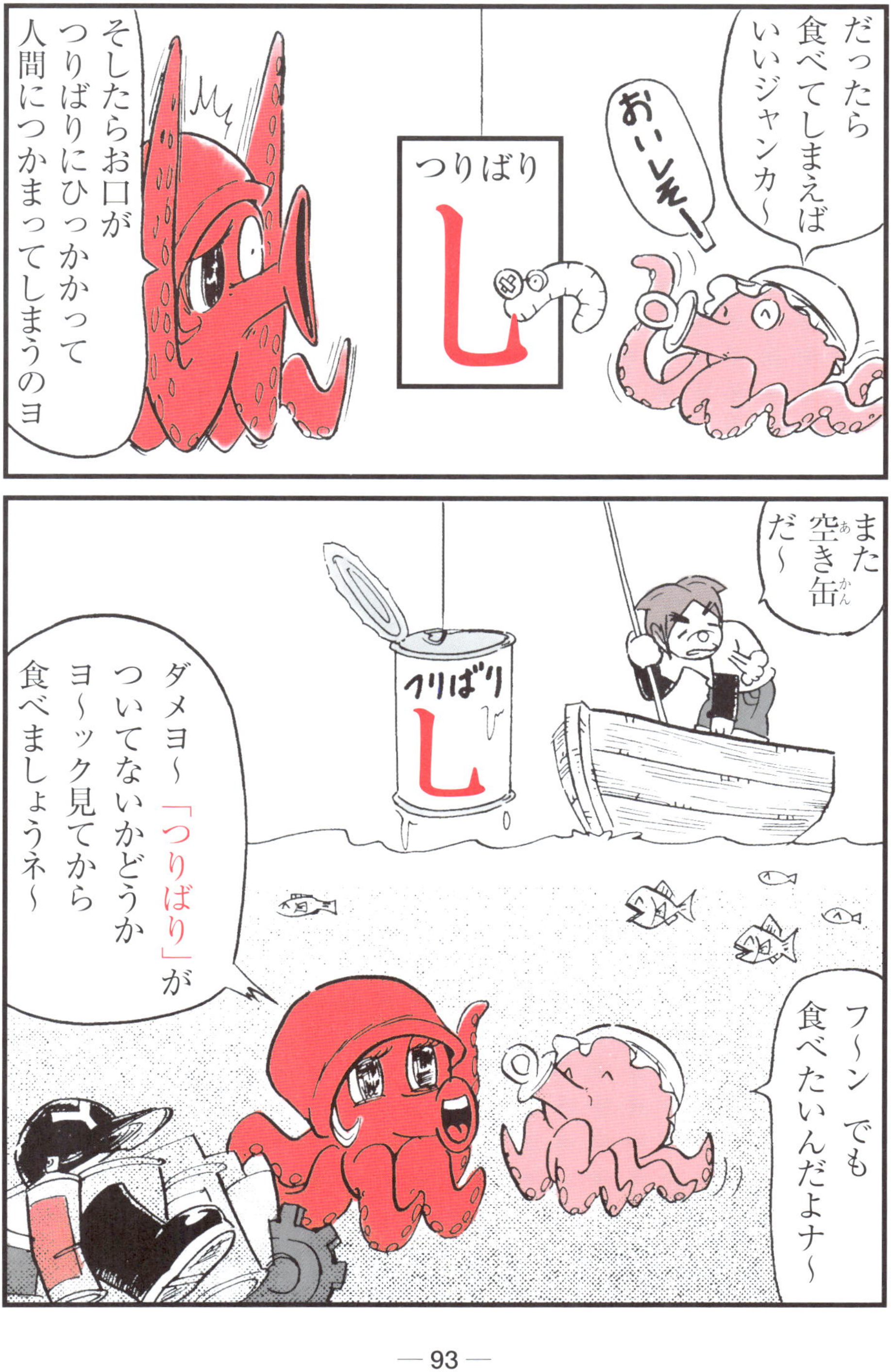
だったら
食べてしまえば
いいジャンカ～
おいしそー
つりばり
し
そしたらお口が
つりばりにひっかかって
人間につかまってしまうのヨ
また
空《あ》き缶《かん》
だ～
つりばり
し
ダメヨ～「つりばり」が
ついてないかどうか
ヨ～ック見てから
食べましょうネ～
フ～ン でも
食べたいんだよナ～

3章　絵文字が部首になっちゃった ②

パクパク
パクパク
2つとも同じ部首
串《くし》　中《なか》

二つともまるでヤキトリだな～
部首も漢字も絵文字なんだから
串
中

だったら二つの共通点はヤキトリの「クシ」だゼ
「クシ」より「ボウ」の方がいいわヨ〜ン
串
中
「クシ」の方が楽しいのに〜
部首名は「ボウ」で〜すっ
中
串
口
吕
丨
丨
ボ〜〜〜

☆各章のクイズのほとんどが、それぞれの「部首・漢字表」から出されていますから、その表を見て答えて下さい。

☆このクイズは、1章～7章まで、各章ごとの後半に出題されています。

第3章　絵文字の部首は絵を覚えておこう

漢字能力検定クイズ

★出題の順序★

1 部首クイズ
2 漢字クイズ
3 熟語クイズ

1 部首クイズ

3章の部首・漢字表を見れば、すぐに答えられます。

問題（1） 次の①～⑧の名前に合う部首を、下のワクの中から選びなさい。

※答えは104ページ

	①	②	③	④	⑤	⑥	⑦	⑧
部首名	はねぼう	てん	つりばり	なべぶた	うけばこ	はこがまえ	ひとあし	まげわりふ
部首								

㔾　凵　匚　丶　儿　乚　亠　亅

問題（2） 次のAとBの中から文字を一個ずつ取り出し、それを合体させて一個の漢字を全部で八個造りなさい。（一文字は一回のみ使用）

答え

※順不同

A

卯　口　儿　九　矢　父　舌　中

B

亠　凵　丶　匚　旧　乚　丨　丷

問題(3) 次のワクの中の漢字で、部首が「丨＝たてぼう」の漢字は一個しかありません。その漢字を答えなさい。

出　上　下　甲　旧　申　平　午　中

答え

問題(4) 次のワクの中の漢字で、部首が「亠＝なべぶた」の漢字は一個しかありません。その漢字を答えなさい。

六　変　夜　京　高　市

答え

問題(5) 左の□に当てはまる漢字を書き入れると、上下に二個の漢字ができます。□の中の漢字を答えなさい。

十
□
儿

一個の漢字

一個の漢字

答え

問題(6) 次の漢字は、すべて同じ部首からできています。その部首と部首名を答えなさい。

区　医　匹

部首の名前

部首

問題

(7) 次のワクの中の漢字は、すべて同じ部首になっています。その部首を答えなさい。

①

事　了
争　予

答え

②

先　光
元　兆

答え

第3章

2 漢字クイズ

3章の部首・漢字表を見れば、すぐに答えられます。

※答えは104ページ

問題 (1) 次の漢字の音読みと訓読みを答えなさい。
送りがながあれば(カッコ)を付けて答えなさい。
※音訓とも、常用漢字にない読み方には「なし」と書いて下さい。

	漢字	音読み	訓読み
①	予		
②	主		
③	乱		
④	先		
⑤	兆		
⑥	印		
⑦	危		

【ヒント】Ⅰ漢字の読みがなは、部首・漢字表に続く「読みがな表」に書いてあります。
Ⅱ常用漢字にない読み方は、よく使われるものを「カッコ」つきで掲載しています。

問題 (2) 左のワクの中の文字を全部使って、一個の漢字を造りなさい。

①

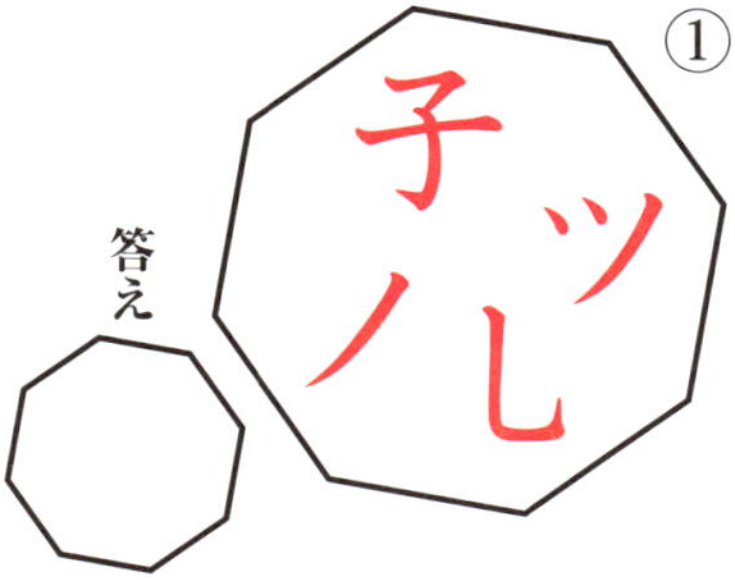

②

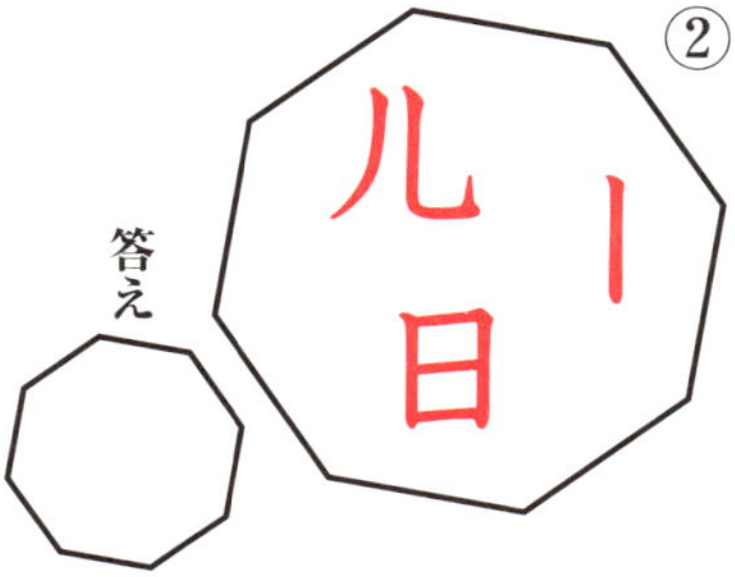

③

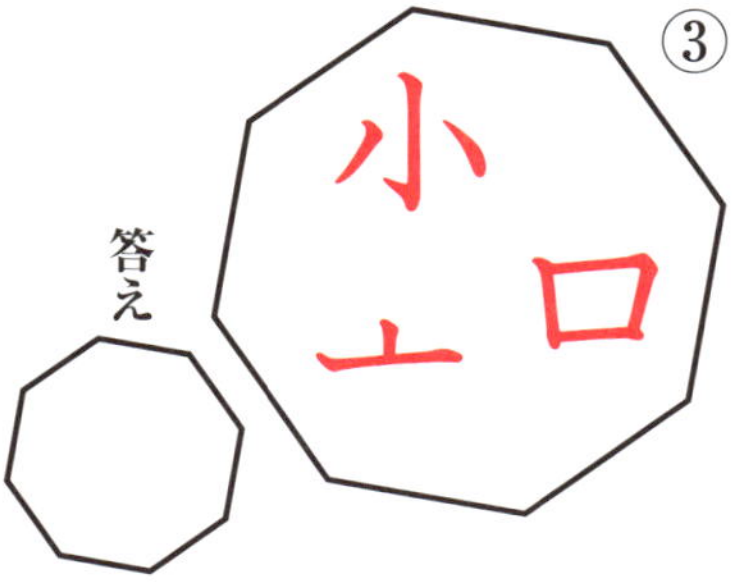

④

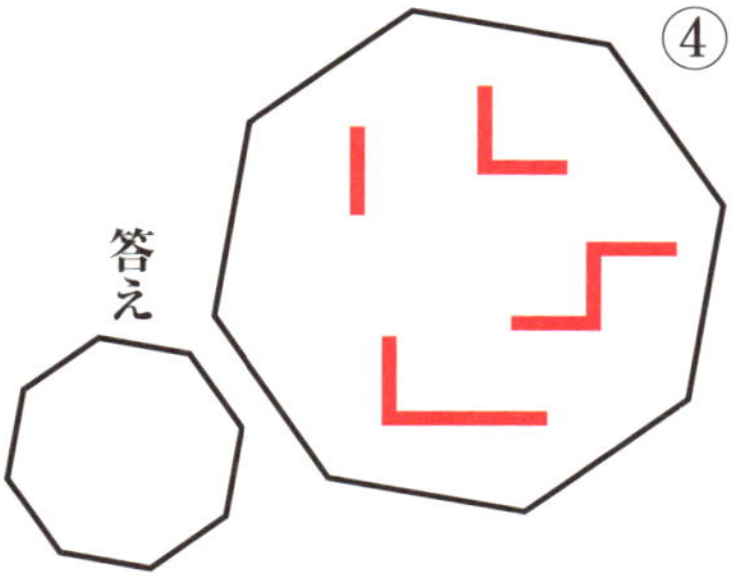

第3章

3 熟語クイズ

☆熟語ですから「部首・漢字表」以外の漢字が出ることもあります。
また、学習漢字以外の漢字が出ることもあります。
☆送りがなのあるときは、（カッコ）をつけて下さい。

※答えは104ページ

問題 (1) 次の①～⑨のカタカナの言葉を漢字で答えなさい。

	熟語の読み	漢字
①	ネッシンに聞いている	
②	大きなカジがありました	
③	物語のシュジンコウみたいだ	
④	イッシンフランに読んでます	
⑤	外国にボウメイしました	
⑥	さあシュッパツだ	
⑦	すばらしいコウケイを見ました	
⑧	キケンな目にあいました	
⑨	インサツ工場ではたらいてます	

問題 (2) 次の空いている□に漢字を入れて、二つの熟語を造りなさい。漢字は下の赤ワクから選びなさい。

① 用 □ 件（熟語・熟語）

② 月 □ 線（熟語・熟語）

③ 外 □ 流（熟語・熟語）

④ 一 □ 太（熟語・熟語）

交　丸　事　光

3章　絵文字がそのまま部首になっちゃった　十二個

※記号の意味は71ページ参照

部首	部首の名前（部首名）とおぼえ方	漢字（○の中の数字は小学生の学習学年・◎は常用漢字・◇は一般高頻度漢字）
丨	ぼう・たてぼう⬇棒に見えるから	①中　◎串
亅	はねぼう⬇棒の下が撥《は》ねているから	③事　予　④争　◎了
丶	てん⬇点が描いてあるからそのまま読む	②丸　③主　◎丹　◇丼（ショウ・どんぶり）
乙	おつ・おつにょう⬇これは漢字そのままの読み方　次の同一部門の〈乚〉が絵を部首名にしている	①九　◎乙　乾　◇乞（乞食＝こじき）
〈乚〉W	〈つりばり〉⬇釣針に見えるから	⑥乱　乳◇也（なり・断定、強調）
亠 W	なべぶた⬇鍋《なべ》のふたに見えるから	②京　交　⑥亡　◎享　亭　◇亦（また）・亥（い・ガイ）
凵	うけばこ・かんにょう⬇注がれるものを受ける箱に見えるから	①出　◎凶　凹　凸
匚	はこがまえ⬇箱を横からみた形に見えるから	◎巨　匠　◇匪（ヒ＝非行をする者）
匸	かくしがまえ⬇箱の上から蓋《ふた》をした形に見えるから	③区　医　◎匹　匿
儿 W	ひとあし⬇走っている人の足に見えるから	①先　②兄　光　元　④兆　児　◎充　克　免　◇兎（うさぎ）
卩	ふしづくり・わりふ⬇竹の節（ふし）の形に見える	④印　⑥卵　◎即　却　卸
〈㔾〉	〈まげわりふ〉⬇「わりふ」の下部を曲げたから	⑥危　◇巻（カン⇧巻の旧字体）

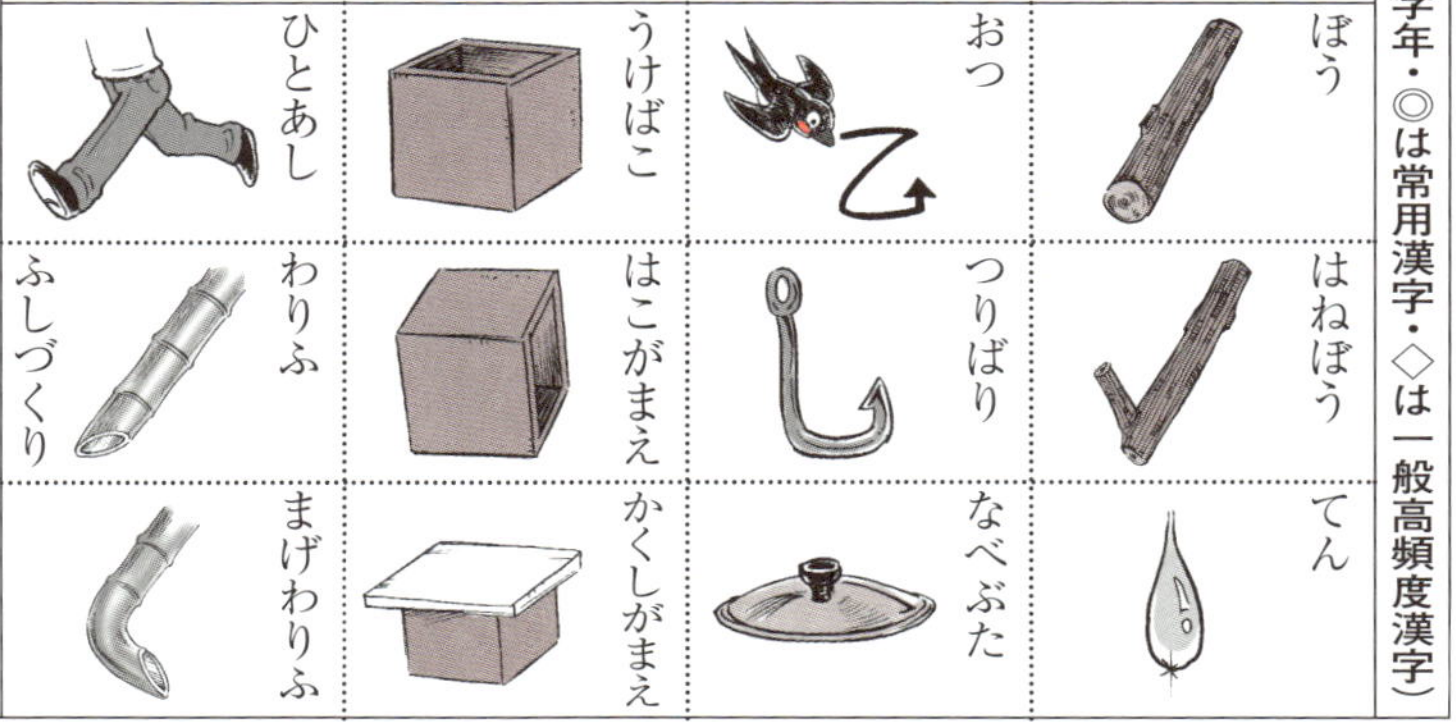

［注意点］同じ漢字でも字典により部首が違うことがある。（1）「予」の部首は（マ・亅）（2）「争」の部首は（ク・亅）（3）「巨」の部首は（二・エ・匚）

漢字表の中の漢字の読み方

3章　絵文字がそのまま部首になっちゃった

部首	［漢字］読み方	
丨	［中］チュウ　なか　［串］カン　くし	※ぼう・たてぼう
亅	［事］ジ　こと　［予］ヨ　あらかじ・め　［争］ソウ　あらそ・う　［了］リョウ	※はねぼう
丶	［丸］ガン　まる　［主］シュ　ス　おも　ぬし　［丹］タン	※てん
乙	［九］ク　キュウ　ここの・つ　［乙］オツ　［乾］カン　かわ・く	※おつ
乚	［乱］ラン　みだ・れる　［乳］ニュウ　ちち　ち　［也］ヤ　なり	※つりばり
亠	［京］キョウ　ケイ　［交］コウ　ま・ざる　まじ・える　［亡］ボウ　モウ　な・い ［享］キョウ　［亭］テイ	※なべぶた
凵	［出］シュツ　スイ　だ・す　で・る　［凶］キョウ　［凹］オウ　ぼこ　［凸］トツ　でこ	※うけばこ
匚	［巨］キョ　［匠］ショウ　たくみ	※はこがまえ
匸	［区］ク　［医］イ　［匹］ヒキ　ヒツ　［匿］トク	※かくしがまえ
儿	［先］セン　さき　［兄］キョウ　ケイ　あに　［光］コウ　ひかり　ひか・る ［元］ガン　ゲン　もと　［兆］チョウ　きざ・し　［児］ジ　ニ　［充］ジュウ　あ・てる ［克］コク　か・つ　［免］メン　まぬか・れる	※ひとあし

卩	［印］イン　しるし　［卵］ラン　たまご　［即］ソク ［却］キャク　［卸］おろし　おろ・す ※ふしづくり・わりふ
㔾	［危］キ　あぶ・ない　あや・うい ※まげわりふ

3章のクイズの解答欄

1 部首クイズ

問題(1)　①亅　②、　③乚　④亠　⑤凵　⑥匸　⑦儿　⑧㔾

問題(2)　卵・交・出・医・乱・中・児・丸（順不同）

問題(3)　中（出＝うけばこ　上＝いち　下＝いち　申＝た　旧＝ひづけのひ　甲＝た　午＝じゅう　平＝いちじゅう）

問題(4)　京（六＝はち　変＝ふゆがしら・すいにょう　夜＝ゆうべ・夕　高＝たかい市＝はば）

問題(5)　口

問題(6)　かくしがまえ・匸

問題(7)　①亅　②儿

2 漢字クイズ

問題(1)　①ヨ・あらかじ(め)　②シュ、ス・おも、ぬし

③ラン・みだ(れる)　④セン・さき

⑤チョウ・きざ(し)　⑥イン・しるし

⑦キ・あぶ(ない)、あや(しい)

問題(2)　①乳　②児　③京　④凸

3 熟語クイズ

問題(1)　①熱心　②火事　③主人公　④一心不乱

⑤亡命　⑥出発　⑦光景　⑧危険　⑨印刷

問題(2)　①事　②光　③交　④丸

数字の部首は
数字の中から
引っ張り出せば
いいんだナ

☆ 第四章

漢字の中の数字を見つけろ
数字が漢字の部首なのサ

漢字だって
数字が字の中に
かくれているわヨ

1 部首がマンガになっちゃった

丸暗記の必要なし・数字を見つけるだけ

① 「白」という字は何才ですか〜
色に年令があるなんて聞いてないヨ〜

② 「年・平・干」の部首はみんな同じなんだって〜
エ〜ッ 何かだまされているみたいだナ〜

2 漢字能力検定クイズ

クイズを解けば覚えるポイントがわかる

(1) 部首クイズ
(2) 漢字クイズ
(3) 熟語クイズ

3 部首と漢字の一覧表

(1) 学習漢字は学習する学年まで表示
(2) 常用漢字（中学生）もすべて掲載
(3) 一般漢字も特殊なもの以外はすべて掲載

4章　漢字の中の数字を見つけろ　①

「白」という字は何才でしょう
白
バブバブ
エ〜ッ色に年令なんかあるの〜
イ〜ヒッヒ〜それがあるのよネ〜「百」という字を見てごらん
バブ
バブ
しっかり見てるけど「百」は「百」ジャン
百

「百」から「一」を引いたら「九九」でしょ
百
100－1＝99
白＝99
エ〜ッ この二つを比べると「白」が「九九」ってことになるジャン
ほうら〜 だから「九九才」のことを「白寿《はくじゅ》」っていうのヨ
白寿
百
部首
しろ
白
ツ〜ことは「百」の部首も「白」ってことになるのカ〜
白

4章　漢字の中の数字を見つけろ ②

この三つの漢字の部首は同じ部首なんだって
年
平
干
急にそんなこと言われたって…
イッヒッヒ〜
急じゃなくったって分からないくせに〜
分かってら〜い　数字が部首なんだから一とか十とか探せばいいんだろ〜
一
十
カンタン
かんたん

マ〜ぴったしカンコ〜ン当たっちゃったワ〜ン
干
部首名
いちじゅう
ゲゲッ何が当たったのかサッパリ分かりません年《ねん》
漢字の中から「一と十」を探してごらんそれが「干＝いちじゅう」っていう部首になるんじゃない
年
平
干
一
十
ウッシッシ〜ボクって超能力者かもしれないネ〜
K
干

第4章　漢字の中の数字を探せばそれが部首サ

☆　各章のクイズのほとんどが、それぞれの「部首・漢字表」から出されていますから、その表を見て答えて下さい。
☆　このクイズは、1章～7章まで、各章ごとの後半に出題されています。

漢字能力検定クイズ

★出題の順序★

1　部首クイズ
2　漢字クイズ
3　熟語クイズ

1 部首クイズ

漢字の中の数字を探せ

※答えは116ページ

問題 (1) 次の①〜⑱の漢字の部首を、真ん中のワクの中から選び答えなさい。同じ部首を何回使ってもよい。

	①	②	③	④	⑤	⑥	⑦	⑧
漢字	世	五	形	公	卒	年	弁	三
部首								

八 口 儿
彡 廾 亻
二 干 白
一 十 亠 乙

	⑨	⑩	⑪	⑫	⑬	⑭	⑮	⑯	⑰	⑱
漢字	六	七	千	万	四	九	百	億	兆	京
部首										

第4章

2 漢字クイズ

漢字の中の数字を探せ

※答えは116ページ

問題(1) ワクの中の文字を全部使って、一個の漢字を作りなさい。

①
羊 冂 十

答え

②
ソ 干 土

答え

③
一 八 目

答え

④
十 十 𠆢 干 日

答え

問題(2) 次のワクの中の文字を組み合わせて、七個の漢字を作りなさい。ただし4章の表の漢字に限ります。また、常用漢字以外の漢字も含まれています。一個の文字は一回しか使えません。

冂	十	彡	ム	カ
木	廾	彡	⺍	カ
立	‖	八	一	カ
早	人	十	二	ノ

⑦	⑥	⑤	④	③	②	①

順不同

3 熟語クイズ

☆熟語ですから「部首・漢字表」以外の漢字が出ることもあります。
☆学習漢字以外の漢字が出ることがあります。
☆送りがなのあるときは、（カッコ）を付けて下さい。

※答えは116ページ

問題(1) 次の①～⑧の――線が付いているカタカナの言葉を漢字で答えなさい。

	熟語の読み	漢字
①	イドの水は冷《つめ》たい	
②	左右リョウホウに車輪《しゃりん》がある	
③	二人のキョウツウテンは？	
④	ハクランカイを見に行く	
⑤	ウメボシはすっぱい	
⑥	三オクエンの宝くじ	
⑦	ゴゼン九時に集合だ	
⑧	カンジジテンでしらべた	

問題(2) 次のAとBのワクの中から、それぞれ一個ずつ（一回のみ）漢字を取り出して、**二字熟語**を八つ作りなさい。

A
卓 事 舌 上
式 幸 士 年

B
兵 球 福 幹
令 弁 下 形

順不同

4章　漢字の中の数字を見つけろ　それが部首だ！　七個

※記号の意味は71ページ参照

部首	部首の名前（部首名）	漢字（○の中の数字は小学生の学習学年・◎は常用漢字・◇は一般高頻度使用漢字）
一	いち	①一三七上下　②万　③丁世両　④不　◎丈与丘丙且
二	に	①二五　◎互井亜
彡	さんづくり	②形　◎彩彫彰影
八	はち	①六八　②公　③具　④兵共典
十	じゅう	①十千　②午半南　④卒協博　◎升卓卑　◇卍（まんじ）・廿（にゅう・にじゅう）
		丗（さんじゅう）・卉（花卉＝カキ）
干 W	いちじゅう・かん	①年　③幸平　⑤幹　⑥干
廾	にじゅうあし・こまぬき	⑤弁　◎弊

☆豆知識☆　数字だけど他の数字が部首になっている。

数字	部首
三	一
五	二
六	八
七	一
千	十
万	一

［注意点］㈶日本漢字能力検定協会では、「六」の部首は「八」になっている。

☆豆知識☆　自分は数字だけど数字ではない他の部首が部首になっている。

数字	部首
四	口
九	乙
百	白
億	イ
兆	儿
京	亠

漢字表の中の漢字の読み方

4章　漢字の中の数字を見つけろそれが部首だ！

部首	［漢字］読み方
一	［一］イチ　イツ　ひと　ひと・つ　［三］サン　み　み・つ　みっ・つ ［七］シチ　なな　なな・つ　なの　［上］ジョウ　あ・がる　うえ　うわ　かみ　のぼ・る ［下］カ　ゲ　お・ろす　くだ・さる　さ・がる　した　しも　もと　［万］マン　バン ［丁］チョウ　テイ　［世］セ　セイ　よ　［両］リョウ　［不］フ　ブ　［丈］ジョウ　たけ ［与］ヨ　あた・える　［丘］キュウ　おか　［丙］ヘイ　［且］かつ ※いち
二	［二］ニ　ふた　ふた・つ　［五］ゴ　いつ　いつ・つ　［互］ゴ　たが・い ［井］ショウ　セイ　い　［亜］ア ※に
彡	［形］ギョウ　ケイ　かた　かたち　［彩］サイ　いろど・る　［彫］チョウ　ほ・る ［彰］ショウ　［影］エイ　かげ ※さんづくり
八	［六］ロク　む　むい　む・つ　むっ・つ　［八］ハチ　や　や・つ　やっ・つ ［公］コウ　おおやけ　［具］グ　［兵］ヘイ　ヒョウ　［共］キョウ　とも　［典］テン ※はち
十	［十］ジュウ　ジッ　とお　と　［千］セン　ち　［午］ゴ　［半］ハン　なか・ば ［南］ナン　ナ　みなみ　［卒］ソツ　［協］キョウ　［博］ハク　バク　［升］ショウ　ます ［卓］タク　［卑］ヒ　いや・しい ※じゅう

干	[年] ネン とし [幸] コウ さいわ・い さち しあわ・せ [平] ヘイ ビョウ たい・ら ひら [幹] カン みき [干] カン ひ・る ほ・す ※いちじゅう・かん
廾	[弁] ベン [弊] ヘイ ※にじゅうあし・こまぬき

4章のクイズの解答欄

1 部首クイズ

問題(1) ①一 ②二 ③彡 ④公 ⑤十 ⑥干
⑦廾 ⑧一 ⑨八 ⑩一 ⑪十 ⑫一
⑬口 ⑭乙 ⑮白 ⑯亻 ⑰儿 ⑱亠

2 漢字クイズ

問題(1) ①南 ②幸 ③具 ④幹

問題(2) ①弁 ②協 ③千 ④共 ⑤内 ⑥彩 ⑦彰

3 熟語クイズ

問題(1) ①井戸 ②両方 ③共通点 ④博覧会
⑤梅干 ⑥億円 ⑦午前 ⑧漢字字典

問題(2) 兵士 年令 上下 幹事
形式 幸福 卓球 弁舌
順不同

エ～ッ
顔じゅうが部首なんて
チ～ットモ 知らなかったゼ

☆第五章

人間はからだ中が部首だらけ
だから
記憶力なんかいらないのサ

手足の先から頭の先まで
からだ中が
ゼ～ンブ部首だらけ
な～んだって～

1 部首がマンガになっちゃった

髪の毛から足の爪まで体中が部首だらけ

① 顔中が部首でいっぱい
部首ってどうして顔ばっかりにあるのかな

② 「月」って部首には意味が二つあるんだって
エ～ッ どうやって区別するんだろう

③ 「川・巛・皮・革」
ぜ～んぶ部首の名前が「かわ」なんだって
エ～ッ どうやって区別するんだろう

2 漢字能力検定クイズ

クイズを解けば覚え方のポイントがわかる

(1) 部首クイズ
(2) 漢字クイズ
(3) 熟語クイズ

3 部首と漢字の一覧表

(1) 学習漢字は学習する学年まで表示
(2) 常用漢字（中学生）もすべて掲載
(3) 一般漢字も特殊なもの以外はすべて掲載

5章　人間はからだ中が部首だらけ ①

顔中が部首だなんてチ～ットモ知らなかったゼ
め
はな
ア～ラこの「耳」だって部首だわヨ
耳《みみ》
待て～ッ「髪」の「毛」だって部首なんだゾ～
毛《け》
髟《かみがしら》
キャ～ッ逃げろ～ッ

ぐぐ…
首《くび》
それじゃ～この「首」だって部首なんだわヨ～
部首ってどうして顔ばっかにあるんだろ～
ゼーゼーゼー
いいえ～からだ中に部首があるわヨ～

5章　人間はからだ中が部首だらけ ②

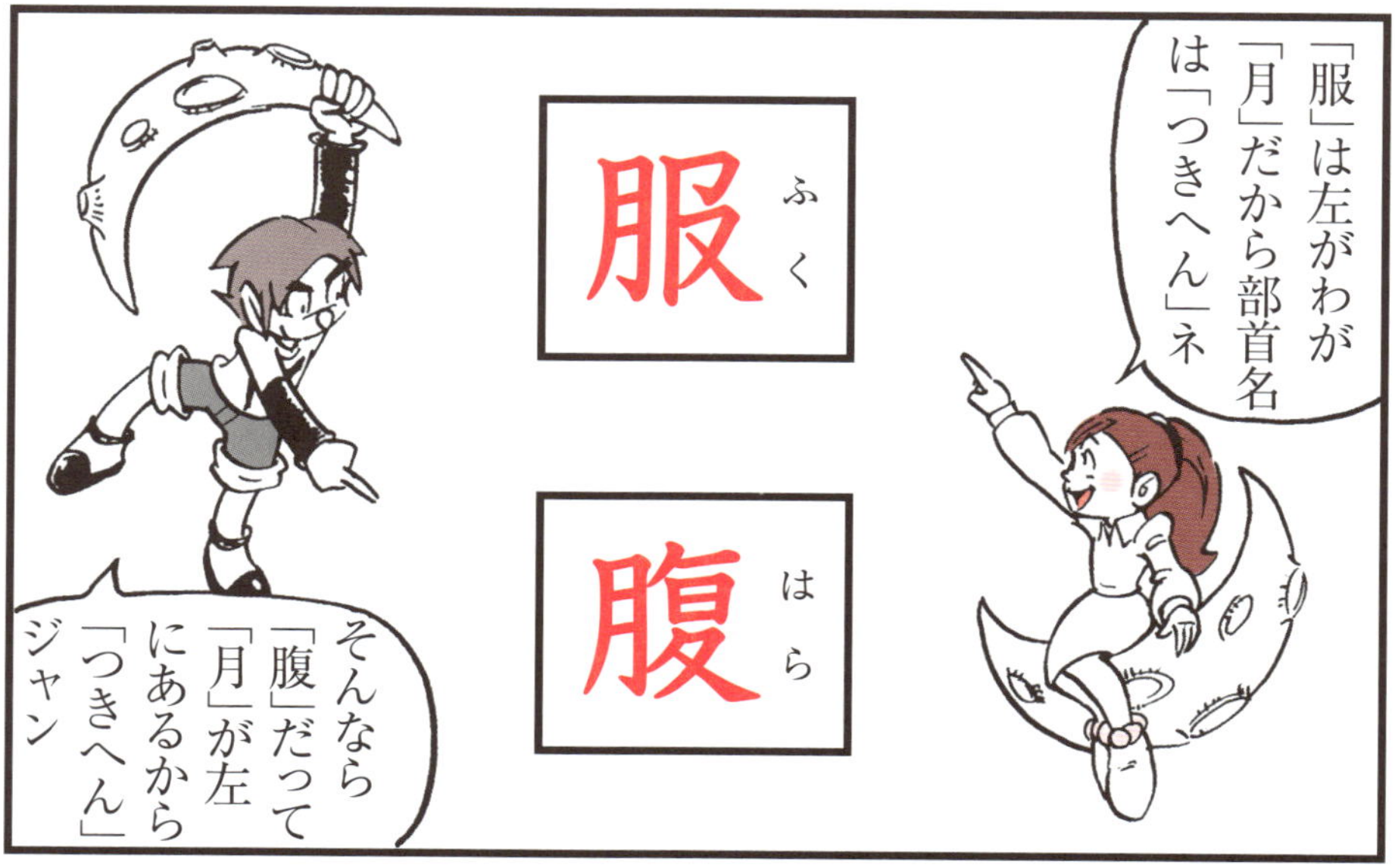

それに似たことは「手と扌（てへん）」のようによくある話サ
（例）
挙《キョ》承《ショウ》掌《ショウ》
摩《マ》撃《ゲキ》
部首名「て」
手
扌
部首名「てへん」
才《サイ》打《ダ》投《トウ》指《シ》
持《ジ》拾《シュウ》折《セツ》技《ギ》
同一部門ですが字形が違うだけ
ソウカ　そうか たしかにそうかも しれないナ
フム
フム

残念でした～「月＝つきへん」と「月＝にくづき」とは名前も違うし意味もまったく違いマウス
月
人体以外の漢字の部首名「つき（へん）」
月
人体に関する漢字の部首名「にくづき」
なんで「にくづき」っていうのかがサッパリ分からないジャン
ちゅーーー！

それはじゃナ～ 「肉」を
部首として使うために
かんたんな漢字にしたら
たまたま「月」という字に
なっちゃったのサ
肉
⺼
月
ナ～ルヘソッ 「肉」が「月」
になったから「にくづき」って
いうのカ～ン
そんなことに感心して
いる場合じゃないジャン
どうすりゃ「二つの月」
を区別できるのサ
前に書いてあるジャン
人体に関する漢字
の部首「月」が
「にくづき」だって…
それじゃ～ 漢字の意味
が分かってからしか名前
が分からないんだゼ
腹 にくづき
服 つきへん
人体
育《イク》・肺《ハイ》・胃《イ》・背《セ》・脈《ミャク》・胸《むね》
人体以外
有《ユウ》・朝《あさ》・期《キ》・望《ボウ》・朗《ロウ》
いいじゃん
それだけ
分かれば
十分だワ

５章　人間はからだ中が部首だらけ ③

ハーイ
は〜い　皆さ〜ん
「かわ」という名前の
部首を書きなさ〜い
「かわ」
といえば
この字
だワ
「巛」は「川」
の曲がった字
だから
「まがりがわ」
って言うんだ
川
巛
ボクだって
「かわ」って
いう字だヨ
皮
おいらだって
「かわ」って読
む部首だぜ
かわ
革

「かわ」が四個
もあったら
テストのとき
ドボジヨ～
センセ～
四つとも
区別できる
名前にして
くんな～い
川
巛
皮
革

そうさナ～
「かわ」の代表は
やっぱし
「さんぼんがわ」
じゃろうナ～
川
部首名
かわ
さんぼんがわ
フ～ン
「さんぼんがわ」
なら覚えやすいし
区別しやすいワ

この字を「かわ」と書いてある字典もあるゼ
巛
部首名
かわ
まがりがわ
でもサ三本とも曲がっているから「まがりがわ」が覚えやすいジャン

この「かわ」は毛《け》皮《がわ》と書くときの「皮」だから「けがわ」にしたのネ
皮
部首名
けがわ
ひのかわ
「皮」は「ひ」とも読むから「ひのかわ」という名前にしたのヨ
音読み
ひ
訓読み
かわ

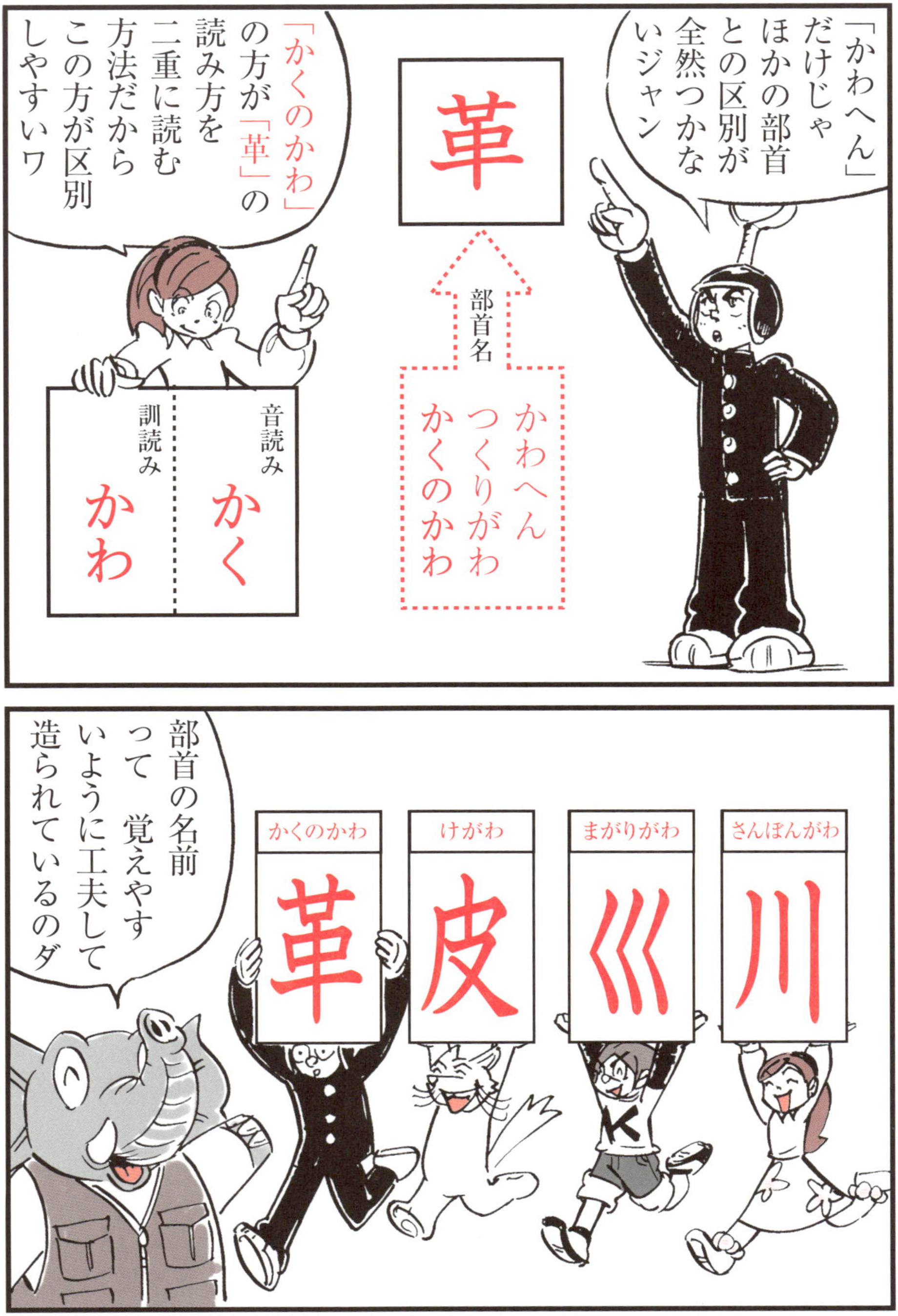
「かわへん」だけじゃほかの部首との区別が全然つかないジャン
革
部首名
かわへん
つくりがわ
かくのかわ
「かくのかわ」の方が「革」の読み方を二重に読む方法だからこの方が区別しやすいワ
音読み
かく
訓読み
かわ
部首の名前って 覚えやすいように工夫して造られているのダ
かくのかわ
革
けがわ
皮
まがりがわ
巛
さんぼんがわ
川

第5章　からだ中が部首だから記憶力はいらないぜ

☆各章のクイズのほとんどが、それぞれの「部首・漢字表」から出されていますから、その表を見て答えて下さい。

☆このクイズは、1章〜7章まで、各章ごとの後半に出題されています。

漢字能力検定クイズ

サ〜
チャレンジ
してみよう

★出題の順序★

1 部首クイズ
2 漢字クイズ
3 熟語クイズ

第5章

1 部首クイズ

※答えは138ページ

問題 (1) 次の①～⑲の部首の漢字を、真ん中のワクの中から選び答えなさい。同じ部首の場合は順不同。

	①	②	③	④	⑤	⑥	⑦	⑧
漢字	口	口	目	目	耳	血	肉	月
部首								

(①②↔順不同、③④↔順不同、⑧⑨↔順不同)

古　屋　挙　衆

看

腐　省　先　損

路　腸　職　病　展

疑　呼　兆　才　背

	⑨	⑩	⑪	⑫	⑬	⑭	⑮	⑯	⑰	⑱	⑲
漢字	月	手	扌	扌	⻊	儿	儿	⻌	尸	尸	疒
部首											

(⑪⑫↔順不同、⑭⑮↔順不同、⑰⑱↔順不同)

問題 (2) 次の①～⑩の漢字の部首と部首名を答えなさい。

	漢字	部首	部首名
①	和		
②	直		
③	問		
④	聞		
⑤	面		
⑥	胃		
⑦	期		
⑧	承		
⑨	局		
⑩	尼		

2 漢字クイズ

※答えは138ページ

問題 (1) ワクの中の文字を全部使って一個の漢字を作り、□の中に書きなさい。

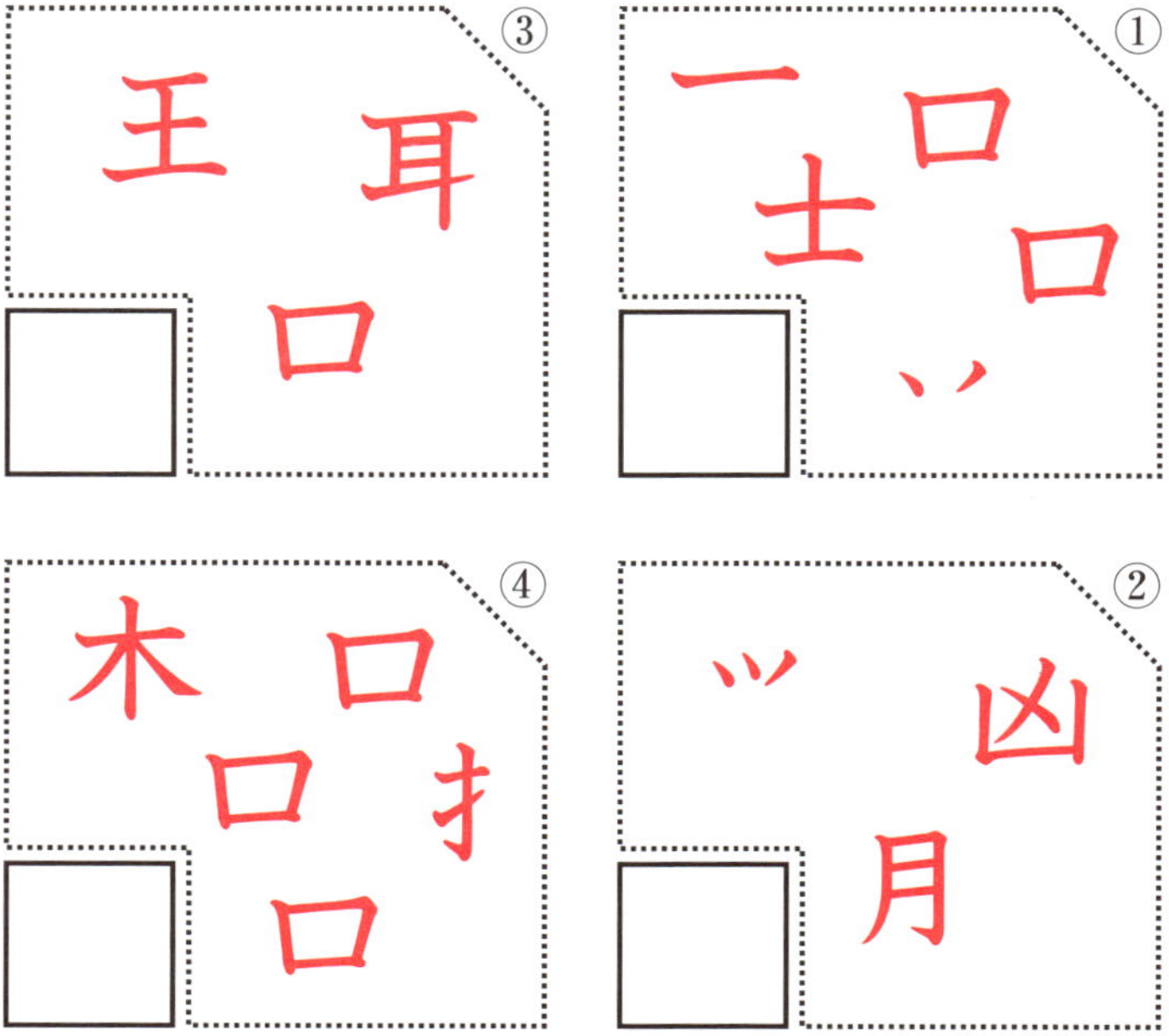

問題 (2) 次の漢字の音読みと訓読みを答えなさい。送りがながあれば(カッコ)を付けて答えなさい。
※音訓とも、常用漢字にない読み方にはなしと書いてください。

	①	②	③	④	⑤	⑥	⑦	⑧
漢字	台	句	鼻	髪	肺	捨	症	肩
音読み								
訓読み								

第5章

3 熟語クイズ

☆熟語ですから「部首・漢字表」以外の漢字が出ることもあります。
☆学習漢字以外の漢字が出ることがあります。
☆送りがなのあるときは、（カッコ）を付けて下さい。

※答えは138ページ

問題 (1) 次の①〜⑧の――線が付いているカタカナの言葉を漢字で答えなさい。

	熟語の読み	漢字
①	かぜのせいかズツウがする	
②	五十階《かい》建《だ》てのコウソウビル	
③	ツウロに物を置くな	
④	国語のジュギョウを受けた	
⑤	ジャクニクキョウショク	
⑥	足をコッセツしました	
⑦	ガッキを持って歌う	
⑧	毎朝シンブンを読む	

問題 (2) 次の空いている□に漢字を入れて、二つの**熟語**を作りなさい。漢字は下の赤ワクから選びなさい。

① 天□令（熟語・熟語）
② 反□略（熟語・熟語）
③ 純□筆（熟語・熟語）
④ 心□体（熟語・熟語）

毛　身　省　命

5章　人間はからだ中が部首だらけ　二九個

※記号の意味は71ページ参照

部首	部首の名前（部首名）	漢字（○の中の数字は小学生の学習学年・◎は常用漢字・◇は一般高頻度使用漢字）
口	くち	①口右名　②古合台同　③品号向君命味和員商問　④史器各司唱告喜周　⑤可句　⑥呼吸否善后　◎召吉吏吐叫吟含呈呉吹咲哀哲唆唇唐唯啓喝喚喪喫嗣嘆嘱噴嚇
目	め	①目　②直　③相県真　④省　⑤眼　⑥看　◎盲盾眠眺睡督瞬
爻 W	めめ・まじわる	◇爽（爽快＝ソウカイ）・爾（ジ・ニ＝なんじ⇧相手をさす二人称）
耳	みみ	①耳　②聞　⑤職　⑥聖　◎聴
鼻	はな	③鼻　◇鼾（いびき）
歯	は⇧常用漢字の部首	③歯　◎齢
〈齒〉	〈は⇧常用漢字以外の部首〉	◇齟齬（そご）　◇齷齪（あくせく＝こせこせすること）
舌	した	⑤舌　◇舐（な・める）
面	めん	③面　◇靤（にきび）⇧（皰あるいは面皰とも書く）
首	くび	②首　◇馘首（カクシュ）・鍾馗様（ショウキさま）
毛	け	②毛　◇毫（ゴウ＝長く伸びた毛）　※（毫も＝少しも）
髟	かみがしら	◎髪　◇髭（ひげ）
血	ち	③血　⑥衆
骨	ほね	⑥骨　◎髄　◇髑髏（どくろ）・骰子（さいころ）
爪	つめ・そうにょう	◇爪・爬（爬虫類＝ハチュウルイ）
〈爫〉	〈つめかんむり〉	◎爵　◇爰（エン・オン・ひめ）　※「爰」はよく音符として使われる。（愛媛えひめ）（援護エンゴ）
肉	にく	②肉　◎腐
〈月〉W	〈にくづき〉	③育　④胃腸脈　⑤肥能　⑥背肺胸脳腹臓　◎肌肖肝肢脂肪肯肩胆胎胞胴脅脚脱脹腕腰膜膚膨　◇肘（ひじ）肱（ひじ）臂（ひじ）
皮	けがわ・ひのかわ	③皮　◇皰（にきび）・皺（しわ）

部首	名称	漢字
手〈扌〉	て〈てへん〉	①手 ④挙 ⑤承 ◎掌摩撃 ②才 ③打投指持拾 ④折 ⑤技招採授接提損 ⑥批拡担拝捨推探揮操 ◎払扱扶抄把抑抵抗抜択抱押抽抹拍拐拒拓拘拙拠披括拷挑狭振捕 捜挿掃排掘掛控措描据掲揚換握援揺搭搬携摂搾摘撤撮撲擁擦擬
足〈⻊〉	あし〈あしへん〉	①足 ◇跫（跫音＝キョウオン＝足音） ③路 ◎距跡跳践踊踏躍 ◇跛（跛行＝ハコウ＝びっこをひいて歩く）・跨（また・ぐ）・蹲る（うずくま・る）・踞る（うずくま・る）・蹉跌（サテツ＝つまづく）・躊躇（チュウチョ）
儿	ひとあし・にんにょう	①先 ②兄光元 ④兆児 ◎充克免 ◇兎（うさぎ）
疋	ひき	⑥疑 ※「疋」はよく音符に使われる。婿（セイ・むこ）・清楚（せいそ）・是正（ぜせい）・旋風（せんぷう）
〈⺪〉	〈ひきへん〉	◎疎
身	み（へん）	③身 ◇躾（しつけ）
尸	しかばね・かばね	③局屋 ⑤居属 ⑥尺届展層 ◎尼尽尾尿屈履 ◇尻（しり）・屍（しかばね）・屑（くず）
疒	やまいだれ	③病 ⑥痛 ◎疫疲疾症痘痢痴療癒癖

〔注意点〕［月］という部首は同一漢字でありながら、全然別の二つの意味と、二つの名前を持つ漢字である。

［月］（1）［月＝にくづき］

①部首の「肉」と同一部門の部首で、「月＝にくづき」は「肉・6画」の部に掲載されている。

②その理由は、「月＝にくづき」の「月」が「肉」の字を省略化したものだからである。

③人間・動物の体に関する漢字に用いられることが殆どである。

（2）［月＝つきへん］

①右の(1)以外の漢字についている部首の「月」を「つき・つきへん」という。

②「月・つきへん」には複数の意味がある。

i 文字通り「年月」を表わすもの・・・（期・一月〜十二月ほか） ii 天体の「月」そのものや「月」のように、清らかなもの・・・（朗） iii 「舟」を間違えて「月」と書いたもの・・・（朝・服・騰ほか）

漢字表の中の漢字の読み方

5章　人間はからだ中が部首だらけ

部首	［漢字］ 読み方
口	［口］ク　コウ　くち　［右］ウ　ユウ　みぎ　［名］ミョウ　メイ　な　［古］コ　ふる・い ［合］カッ　ガッ　ゴウ　あ・う　［台］タイ　ダイ　［同］ドウ　おな・じ　［品］ヒン　しな ［号］ゴウ　［向］コウ　む・く　［君］クン　きみ　［命］ミョウ　メイ　いのち ［味］ミ　あじ　［和］ワ　なご・やか　やわ・らぐ　［員］イン　［商］ショウ　あきな・い ［問］モン　と・う　とん　［史］シ　［器］キ　うつわ　［各］カク　おのおの ［司］シ　つかさ　［唱］ショウ　とな・える　［告］コク　つ・げる　［喜］キ　よろこ・ぶ ［周］シュウ　まわ・り　［可］カ　［句］ク　［呼］コ　よ・ぶ　［吸］キュウ　す・う ［否］ヒ　いな　［善］ゼン　よ・い　［后］コウ　［召］ショウ　め・す　［吉］キチ　キツ ［吏］リ　［吐］ト　は・く　［叫］キョウ　さけ・ぶ　［吟］ギン　［含］ガン　ふく・む ［呈］テイ　［呉］ゴ　［吹］スイ　ふ・く　［咲］さ・く　［哀］アイ　あわ・れむ　［哲］テツ ［唆］サ　そそのか・す　［唇］シン　くちびる　［唐］トウ　から　［唯］イ　ユイ ［啓］ケイ　［喝］カツ　［喚］カン　［喪］ソウ　も　［喫］キツ　［嗣］シ ［嘆］タン　なげ・く　［嘱］ショク　［噴］フン　ふ・く　［嚇］カク ※くち
目	［目］ボク　モク　ま　め　［直］ジキ　チョク　ただ・ちに　なお・す　［相］ショウ　ソウ　あい ［県］ケン　［真］シン　ま　［省］ショウ　セイ　かえり・みる　はぶ・く

目	[眼]ガン　ゲン　まなこ　[看]カン　[盲]モウ　[盾]ジュン　たて [眠]ミン　ねむ・る　[眺]チョウ　なが・める　[睡]スイ　[督]トク [瞬]シュン　またた・く	※め
爻	[爽]ショウ　ソウ　さわ・やか　[爾]ニ　ジ　なんじ	※めめ
耳	[耳]ジ　みみ　[聞]ブン　モン　き・く　[職]ショク　[聖]セイ　[聴]チョウ　き・く	※みみ
鼻	[鼻]ビ　はな	※はな
歯	[歯]シ　は　[齢]レイ　よわい	※は
舌	[舌]ゼツ　した	※した
面	[面]メン　おも　おもて　つら	※めん
首	[首]シュ　くび	※くび
毛	[毛]モウ　け　[毫]コウ　ゴウ	※け
髟	[髪]ハツ　かみ	※かみがしら
血	[血]ケツ　ち　[衆]シュ　シュウ	※ち
骨	[骨]コツ　ほね　[髄]ズイ	※ほね
爪爫	[爪]ショウ　ソウ　つめ　[爵]シャク	※つめ・そうにょう・つめかんむり
肉	[肉]にく　[腐]フ　くさ・る　[育]イク　そだ・つ　[胃]イ　[腸]チョウ　[脈]ミャク	
月	[肥]ヒ　こえ　こ・える　[能]ノウ　[背]ハイ　せ　せい　そむ・く　[肺]ハイ	

月

[胸]キョウ　むね　むな　[脳]ノウ　[腹]フク　はら　[臓]ゾウ　[肌]キ　はだ
[肖]ショウ　[肝]カン　きも　[肢]シ　[脂]シ　あぶら　[肪]ボウ　[肯]コウ
[肩]ケン　かた　[胆]タン　[胎]タイ　[胞]ホウ　[胴]ドウ
[脅]キョウ　おど・す　おびや・かす　[脚]キャ　キャク　あし　[脱]ダツ　ぬ・ぐ
[脹]チョウ　[腕]ワン　うで　[腰]ヨウ　こし　[膜]マク
[膚]フ　[膨]ボウ　ふく・れる

※にく・にくづき

皮

[皮]ヒ　かわ　[皰]ヒョウ　ホウ　にきび　[皺]シュウ　しわ

※けがわ・ひのかわ

手　扌

[手]シュ　た　て　[挙]キョ　あ・げる　[承]ショウ　うけたまわ・る
[掌]ショウ　たなごころ　[摩]マ　[撃]ゲキ　う・つ
[才]サイ　[打]ダ　う・つ　[投]トウ　な・げる　[指]シ　さ・す　ゆび
[持]ジ　も・つ　[拾]シュウ　ジュウ　ひろ・う　[折]セツ　おり　お・る　[技]ギ　わざ
[招]ショウ　まね・く　[採]サイ　と・る　[授]ジュ　さず・ける
[接]セツ　つ・ぐ　[提]テイ　さ・げる　[損]ソン　そこ・なう　[批]ヒ　[拡]カク
[担]タン　かつ・ぐ　にな・う　[拝]ハイ　おが・む　[捨]シャ　す・てる
[推]スイ　お・す　[探]タン　さが・す　さぐ・る　[揮]キ
[操]ソウ　あやつ・る　みさお　[払]フツ　はら・う　[扱]あつか・う　[扶]フ
[抄]ショウ　[把]ハ　[抑]ヨク　おさえ・る　[抵]テイ　[抗]コウ　[抜]バツ　ぬ・く
[択]タク　[抱]ホウ　いだ・く　だ・く　かか・える　[押]オウ　お・す　[抽]チュウ
[抹]マツ　[拍]ハク　ヒョウ　[拐]カイ　[拒]キョ　こば・む　[拓]タク
[拘]コウ　かかわ・る　[拙]セツ　[拠]キョ　コ　[披]ヒ　[括]カツ　くく・る
[拷]ゴウ　[挑]チョウ　いど・む　[挟]キョウ　はさ・む　[振]シン　ふ・る

扌

[捕]ホ　つか・まえる　と・らえる　[捜]ソウ　さが・す　[挿]ソウ　さ・す
[掃]ソウ　は・く　[排]ハイ　[掘]クツ　ほ・る　[掛]ケ　かかり　か・ける
[控]コウ　ひか・える　[措]ソ　[描]ビョウ　えが・く　か・く　[据]す・える
[掲]ケイ　かか・げる　[揚]ヨウ　あ・げる　[換]カン　か・える　[握]アク　にぎ・る
[援]エン　[揺]ヨウ　ゆ・れる　[搭]トウ　[搬]ハン　[携]ケイ　たずさ・える
[摂]セツ　[搾]サク　しぼ・る　[摘]テキ　つ・む　[撤]テツ　[撮]サツ　と・る
[撲]ボク　[擁]ヨウ　[擦]サツ　す・る　[擬]ギ

※て・てへん

足 ⻊

[足]ソウ　あし　た・す　[路]ロ　じ　みち　[距]キョ　[跡]セキ　あと
[跳]チョウ　と・ぶ　は・ねる　[践]セン　[踊]ヨウ　おど・り　[踏]トウ　ふ・む
[躍]ヤク　おど・る

※あし・あしへん

儿

[先]セン　さき　[兄]キョウ　ケイ　あに　[光]コウ　ひかり　ひか・る
[元]ガン　ゲン　もと　[兆]チョウ　きざ・し　きざ・す　[児]ジ　ニ
[充]ジュウ　あ・てる　[克]コク　か・つ　[免]メン　まぬか・れる

※ひとあし

疋 ⺪

[疑]ギ　うたが・う　[疎]ソ　うと・い

※ひき・ひきへん

身

[身]シン　み

※み（へん）

尸

[局]キョク　[屋]オク　や　[居]キョ　い・る　[属]ゾク　[尺]シャク　[届]とど・く
[展]テン　[層]ソウ　[尼]ニ　あま　[尽]ジン　つ・きる　[尾]ビ　お　[尿]ニョウ
[屈]クツ　[履]リ　は・く

※しかばね

疒

[病]ビョウ　ヘイ　やまい　[痛]ツウ　いた・い　[疫]エキ　ヤク　[疲]ヒ　つか・れる　[疾]シツ
[症]ショウ　[痘]トウ　[痢]リ　[痴]チ　[療]リョウ　[癒]ユ　い・える　[癖]ヘキ　くせ

※やまいだれ

5章のクイズの解答欄

1 部首クイズ

問題(1) ①古 ②呼 ③看 ④省 ⑤職 ⑥衆 ⑦腐 ⑧背
⑨腸 ⑩挙 ⑪才 ⑫損 ⑬路 ⑭先 ⑮兆 ⑯疑
⑰屋 ⑱展 ⑲病

問題(2) ①口・くち ②目・め ③口・くち
④耳・みみ ⑤面・めん ⑥月・にくづき
⑦月・つき ⑧手・て ⑨尸・しかばね
⑩尸・しかばね

2 漢字クイズ

問題(1) ①喜 ②脳 ③聖 ④操

問題(2) ①タイ・ダイ なし ②ク なし ③ビ はな
④ハツ かみ ⑤ハイ なし ⑥シャ す(てる)
⑦ショウ なし ⑧ケン かた

3 熟語クイズ

問題(1) ①頭痛 ②高層 ③通路 ④授業
⑤弱肉強食 ⑥骨折 ⑦楽器 ⑧新聞

問題(2) ①命 ②省 ③毛 ④身

からだ中が部首
だったけど
「心」だって
漢字の中に
イ〜ッパイあるワ

☆第六章

人の心と行動がぜんぶ部首になっている

心だけじゃないゼ
からだが動けば
「走る」だって
「⻌＝しんにゅう」だって
ゼ〜ンブ
部首になっているのサ

1 部首がマンガになっちゃった
丸暗記の必要なし・心を見つけるだけ

① 「心・忄・⺗」がついてる漢字は
ぜ〜んぶ「心」を表わす漢字なのサ

② 「街・術」もハンバーガーなんだって〜
エ〜ッ なんで〜

☆楽しい豆知識☆
ハンバーガーにも縦と横があるのヨ

2 漢字能力検定クイズ
クイズを解けば覚えるポイントがわかる

(1) 部首クイズ
(2) 漢字クイズ
(3) 熟語クイズ

3 部首と漢字の一覧表

(1) 学習漢字は学習する学年まで表示
(2) 常用漢字（中学生）もすべて掲載
(3) 一般漢字も特殊なもの以外はすべて掲載

6章　人の心と行動が部首 ①

いくら名前に入っていたって部首の形が違えば意味ないジャン
グイッ
心
ヒョイ
忄
形
だから「心」の長い部分をまっすぐに立てて「立心べん」にして右側の点を取ったら「忄」だから ちょっと変わっただけジャン

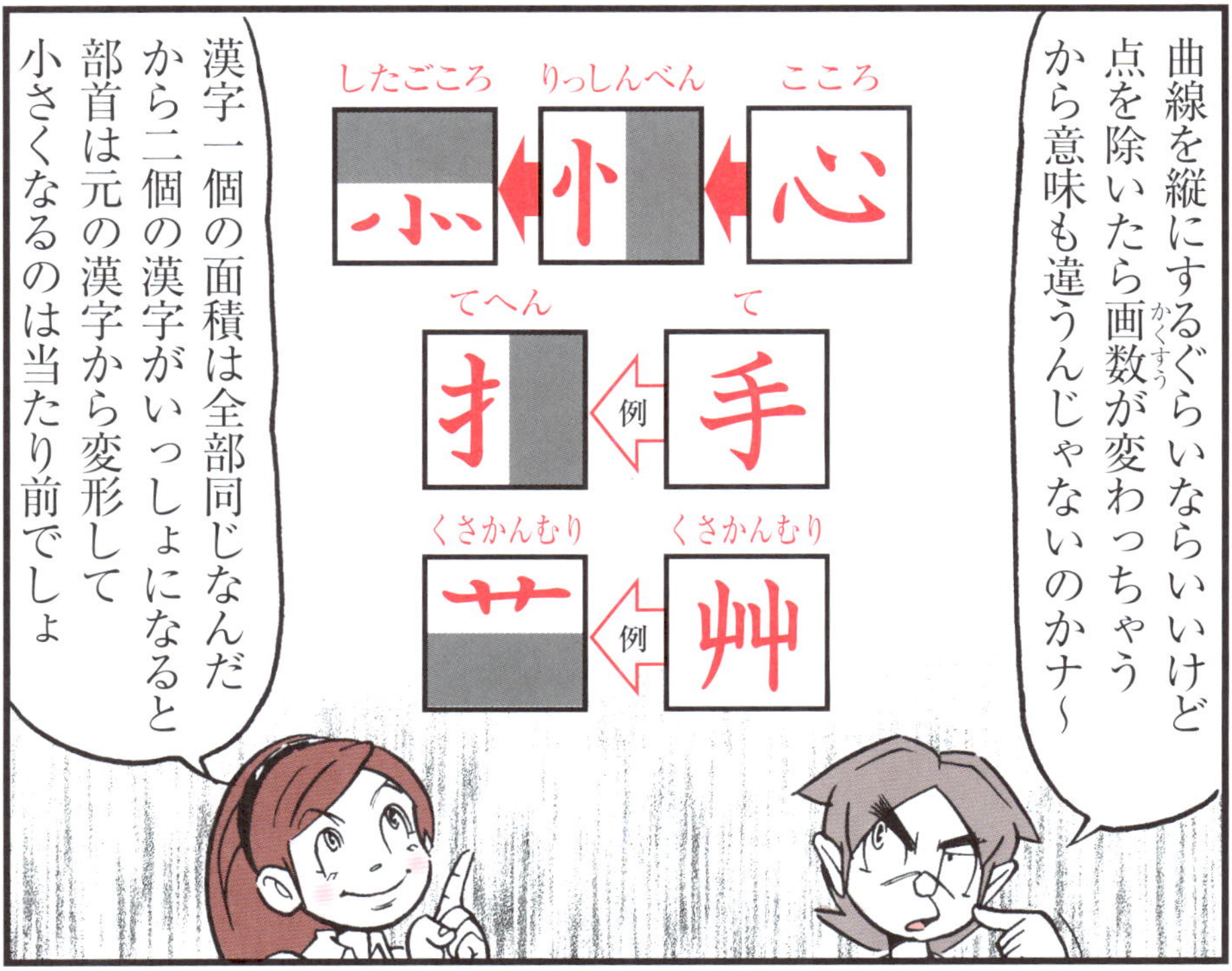
曲線を縦にするぐらいならいいけど点を除いたら画数《かくすう》が変わっちゃうから意味も違うんじゃないのかナ〜
こころ
心
りっしんべん
忄
したごころ
⺗
て
手
例
てへん
扌
くさかんむり
艸
例
くさかんむり
艹
漢字一個の面積は全部同じなんだから二個の漢字がいっしょになると部首は元の漢字から変形して小さくなるのは当たり前でしょ

6章　人の心と行動が部首 ②

この二つの漢字の部首の名前が分かりますか～
後
読みがな
ゴ・コウ・グ
あと・のち
うし（ろ）
おく（れる）
街
読みがな
ガイ・カイ・ケ
まち
ハイハ～イ 二つともカナの「ノ＋イ」だから「ぎょうにんべん」で～すか～んたん邯鄲《かんたん》のコオロギの虫さ

イッシッシ～ 半分当ったり～ 「街」の部首は「ぎょうにんべん」ではありまシェ～ン
ブーーッ!
後
部首名
ぎょうにんべん
街
部首名
ぎょうにんべん
ウッソ～ おんなじ「彳」があるのにどうして違うのサ～ モジカジテ～
「土」かなカナ

ザンネ～ンでした「街」の部首は「行・ぎょうがまえ」で～す
街
エ～ッ そんなのあり～っ サンドイッチかハンバーガーみたいな部首ジャンカ～

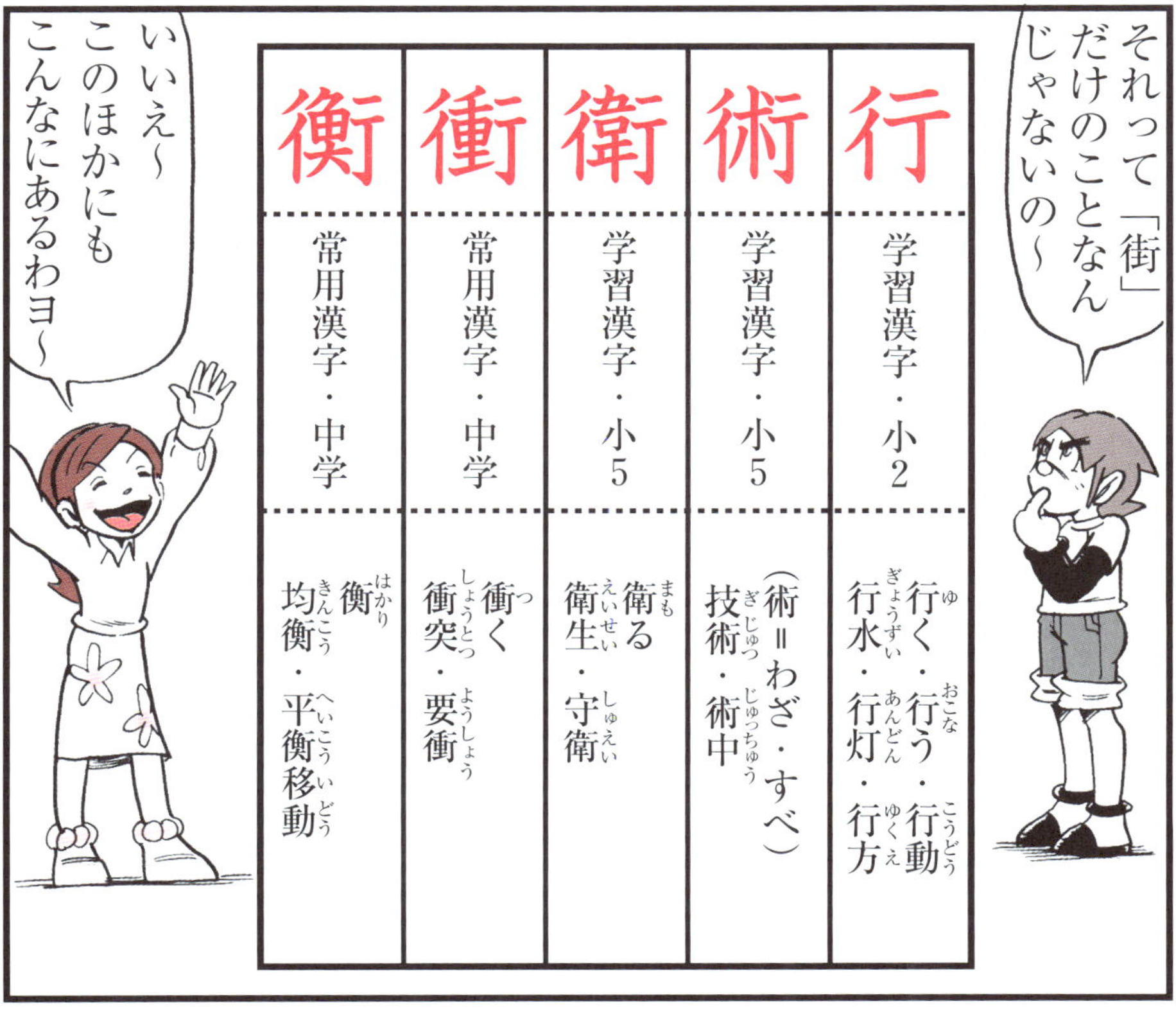
それって「街」だけのことなんじゃないの～
いいえ～ このほかにもこんなにあるわヨ～

行	学習漢字・小2	行《ゆ》く・行《おこな》う・行動《こうどう》 行水《ぎょうずい》・行灯《あんどん》・行方《ゆくえ》
術	学習漢字・小5	(術＝わざ・すべ) 技術《ぎじゅつ》・術中《じゅっちゅう》
衛	学習漢字・小5	衛《まも》る 衛生《えいせい》・守衛《しゅえい》
衝	常用漢字・中学	衝《つ》く 衝突《しょうとつ》・要衝《ようしょう》
衡	常用漢字・中学	衡《はかり》 均衡《きんこう》・平衡移動《へいこういどう》

☆ 楽しい豆知識 ☆
部首のハンバーガー

ハンバーガーならほかにもあるわヨ～
裏
裏
エ～ッさっきみたいに左右に分けたってハンバーガーの部首のパンがないゼ

当ったりまえジャンこんどは漢字を上下に分けたハンバーガーだわヨ
パン
肉
パン
裏
ゲゲッ こんなのアリ～ッ部首としては「亠・なべぶた」か「里・さと」としか見あたらないゼ

三つに分けた字の
上と下をくっつけるのョ
どうなると思う～
衣
パク
ポト
里
ハンバーガーが
落っこちたら「衣」って
漢字になっちゃった
これが部首なの～

あるわョ～ッ
ほかにも～
ジャーン
表《ヒョウ》
衰《スイ》
衷《チュウ》
モグ
モグ
へ～ッ 全部
ハンバーガー
になってら～

第6章　心も行動も部首だから忘れるはずがないぜ

☆各章のクイズのほとんどが、それぞれの「部首・漢字表」から出されていますから、その表を見て答えて下さい。
☆このクイズは、1章～7章まで、各章ごとの後半に出題されています。

漢字能力検定クイズ

サ～
チャレンジ
してみよう

★出題の順序★

1 部首クイズ
2 漢字クイズ
3 熟語クイズ

第6章

1 部首クイズ

※答えは186ページ

問題(1) 次のワクの中で部首が「ネ＝しめすへん」ではない漢字があります。その漢字を答えなさい。

礼
神
視
祖
祝

答え

問題(2) 次のワクの中で部首が「冂＝どうがまえ」の漢字は、一個しかありません。その漢字を答えなさい。

用
肉
同
典
周
再

答え

問題(3) 次のワクの中の文字全部に、同じ部首をつけると、すべての文字が同じ部首の漢字になります。その部首を下の部首のワクから選んで答えなさい。

①
自 今 能 相
田 非 士 亡

答え

②
反 米 車 軍
首 貴 刀 束

答え

部首
心 言 亻 止
方 欠 又 辶

問題(4) 次の①～⑩の漢字の部首と部首名を答えなさい。

	①	②	③	④	⑤	⑥	⑦	⑧	⑨	⑩
漢字	気	祭	役	延	飛	登	包	武	飯	旗
部首										
部首名										

問題(5) 次の部首「**行＝ぎょうがまえ**」の間に、下のワクから一文字選び「**行**」**の間に入れると**一個の漢字ができます。その文字を４つ答えなさい。(音符と漢字の両方)。順不同

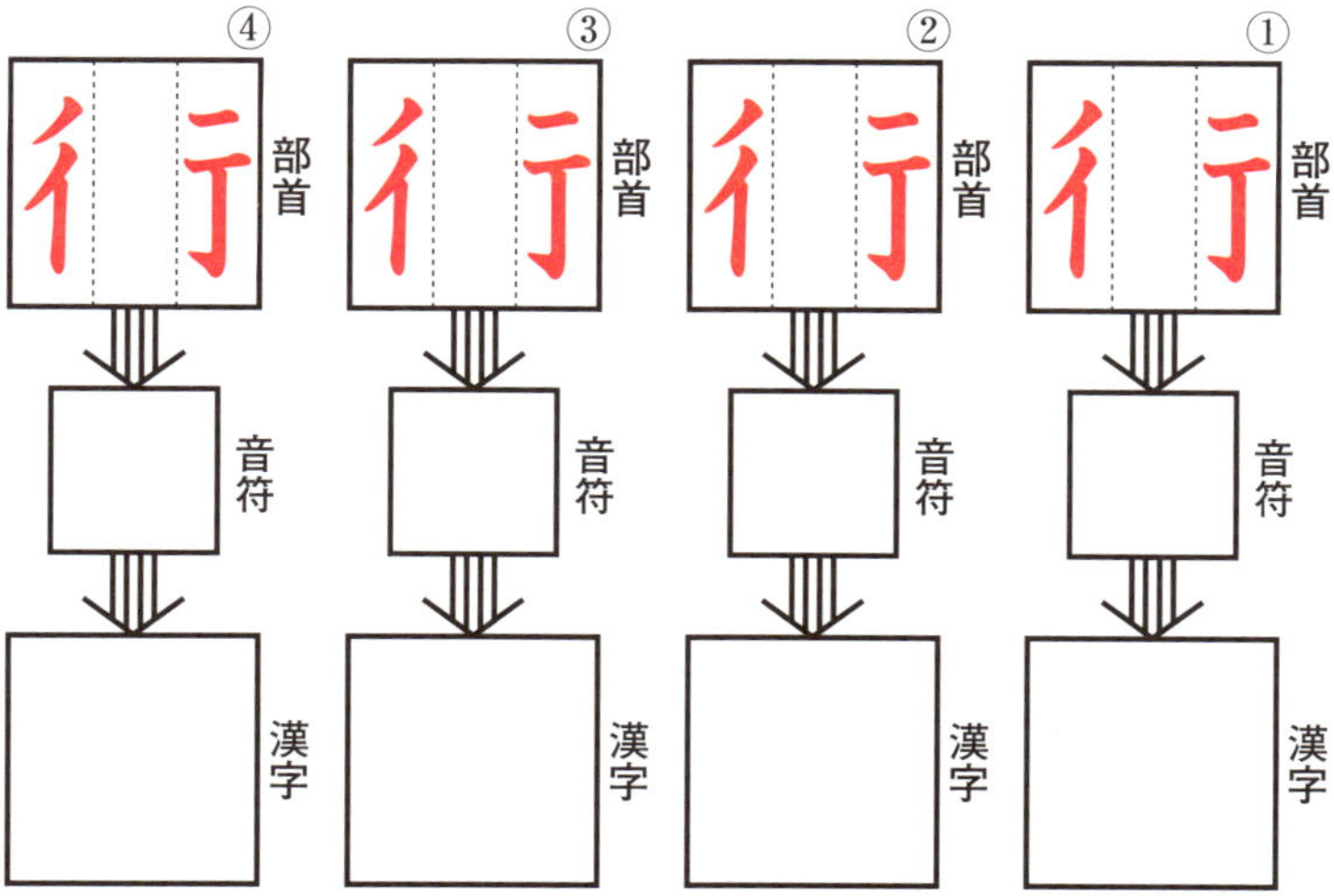

①
②
③
④
部首
音符
漢字

下の中から選んで下さい

圭 首 重 毎 韋 吉 朮

2 漢字クイズ

※答えは186ページ

問題(1) 次の漢字の**音読みと訓読み**を答えなさい。
送りがながあれば(カッコ)を付けて答えなさい。
※音訓とも、常用漢字にない読み方には「なし」と書いてください。

	①	②	③	④	⑤	⑥	⑦
漢字	志	快	祖	覧	講	飼	旅
音読み							
訓読み							

問題(2) 次のワクの中の文字を**全部使って、一個の漢字**を作り、□の中に書きなさい。

① 又 ノ ツ 心 ノ 冖 □

② 兄 兄 立 立 □

③ 忄 貝 田 □

④ 一 方 子 ノ 辶 □

3 熟語クイズ

☆熟語ですから「部首・漢字表」以外の漢字が出ることもあります。
☆学習漢字以外の漢字が出ることがあります。
☆送りがなのあるときは、（カッコ）を付けて下さい。

※答えは186ページ

問題 (1) 次の①～⑧の――線が付いているカタカナの言葉を漢字で答えなさい。

	熟語の読み	漢字
①	自然のオンケイで生きている	
②	私はアイジョウ深く育てられた	
③	今日は楽しいおマツりだ	
④	カンコウ旅行に出かける	
⑤	スポーツセンシュになりたい	
⑥	遠足は雨でエンキになった	
⑦	本をシュッパンしました	
⑧	修学旅行でリョカンに泊まった	

問題 (2) 次のAとBのワクの中から、それぞれ一個ずつ漢字を取り出して、二字熟語を作りなさい。（一つの漢字は一回のみ）

A

床　内　利
望　日　生
悪　児　謝

B

祝　欲　童
勝　起　外
礼　徒　者

答え

順不同

6章　人の心と行動が全部 部首になっているのサ

四五個

※記号の意味は71ページ参照

部首	部首の名前（部首名）	漢字（○の中の数字は小学生の学習学年・◎は常用漢字・◇は一般高頻度使用漢字）
心	こころ	②心思　③急息悪悲意感想　④必念愛　⑤志応恩態　⑥忘忠憲　◎忌忍怒怠恋恐恥恵患悠惑愁愚慈慮慰慶憂憩懇懲懸
〈忄〉	〈りっしんべん〉	⑤快性情慣　◎忙怖怪恨悔恒悦悟悩悼惜惨惰愉慌慎慨慢憎憤憶憾懐
〈⺗〉	〈したごころ〉	◎恭慕
气	きがまえ	①気
示	しめす	③祭　④票　⑤示禁
〈ネ〉	〈しめすへん〉	②社　③礼神福　④祝　⑤祖　◎祈祉祥禍禅
言	ごんべん・ことば	②言計記話語読　③詩談調　④訓試説課議　⑤許設証評講謝識護　⑥討訪訳詞誌誠誤認諸誕論警　◎訂託訴訟診詐詔詠詰該詳誇誉誓誘謁請諾諭諮謀謡謄謙謹譲譜
見	みる	①見　②親　④覚観　⑤規　⑥視覧　◇覗（のぞ・く）
力	ちから	①力　③助勉動勝　④加功努労勇　⑤効務勢　⑥勤　◎劣励劾勅勘募勧勲
用	もちいる	②用　◇甫（フ・ホ＝苗を育てる平な畑）
行	ぎょうがまえ・ゆきがまえ	②行　④街　⑤術衛　◎衝衡　◇衒（ケン・ゲン＝たぶらかす）
彳	ぎょうにんべん	②後　③役待　④径徒得　⑤往復徳　⑥律従　◎彼征徐御循微徴徹
走	そうにょう・はしる	②走　③起　◎赴超越趣
辶	しんにゅう・しんにょう	②近通週道遠　③返送追速進運遊　④辺連達選　⑤述逆退迷造過適　⑥遺　◎込迅迎迫迭逃透逐逓途逝逮逸遂遅遇遍違遣遭遮遷遵避還
〈⻌〉	〈しんにゅう・しんにょう・二点しんにゅう〉	◇辷（すべる）・迚（とても）・逡（シュン＝はやい）・迴（エ・カイ＝めぐる）・逅（グ・コウ＝めぐりあう）
〈辵〉	〈しんにゅう・しんにょう〉	◇辵（しんにゅう＝止まっては、また行く）
廴	えんにょう	④建　⑥延　◎廷
入	いりがしら・はいる	①入　◇兪（ユ＝いよいよ）　※音符　叺（かます）・杁（いり＝水門）
飛	とぶ	④飛

部首	読み	例
癶	はつがしら	③発 登
生	うまれる	①生 ④産
勹	つつみがまえ	④包 ◎勺 匁
无	む（にょう）	◇无（ム＝無いこと）
旡	き・け	◎既 ◇旡（キ＝しつくす）
隶	れいづくり	◎隷（レイ＝したがう・しもべ）
至	いたる	⑥至 ◎致
止	とめる	①正 ②止 歩 ④歴 ⑤武 ◎歳
立	たつ	①立 ③章 童 ④競 ◎端
舛	まいあし・ます	◎舞 ◇舛（ます＝両足が互い違いに動く） ※音符⇩瞬間（シュンカン）・磔（はりつけ）
又	また	②友 ③反 取 受 ⑥収 ◎又 及 双 叔 叙
欠	あくび・かける	②歌 ③次 ④欠 ⑥欲 ◎欧 欺 款 歓
非	ひ・あらずのひ	⑤非 ※音符 俳優（ハイユウ）・匪賊（ヒゾク）・徘徊（ハイカイ）
艮	こんづくり	④良 ◇艱（艱難辛苦～（カンナンシンク）
食	しょく	②食 ④養
〈𩙿〉	しょくへん	③飲 館 ④飯 ⑤飼 ◎飢 餓 飽 飾
〈飠〉	しょくへん	◇饂飩（ウドン）・餃子（ギョウザ）・餞（はなむけ）
甘	あまい	◎甘 甚 ◇甜（甜菜＝テンサイ）
辛	からい	④辞 ◎辛 ※音符 梓（あずさ）・僻地（ヘキチ）・宰相（サイショウ）
香	かおり	◎香 ◇馨（かおり＝よい匂い）
冂	どうがまえ・けいがまえ	①円 ②内 ⑤再 ⑥冊 ※「同」の部首は「口」です。
比	ひ・くらべるひ	⑤比 ◇毘（毘沙門天＝ビシャモンテン）
片	かたへん（片側のかた）	⑤版 ⑥片 ◇牌（ハイ・パイ）
方	かたへん・（方角のかた）	②方 ③族 旅 ④旗 ◎施 旋
文	ぶん・ぶんにょう	①文 ◇斐（ハイ・ヒ＝模様や飾り）
而	じ・しこうして・しかして	◎耐 ※音符 喘息（ゼンソク）・瑞兆（ズイチョウ）

［注意点］(1)同名異部首に要注意①［ひ・ひへん＝非火日曰比ヒ］②［かたへん＝片方］(2)［及］の部首は字典により2種類ある［又・ノ］

漢字表の中の漢字の読み方

6章　人の心と行動が全部　部首になっているのサ

部首	心　忄　⺗

［漢字］　読み方

［心］シン　こころ　［思］シ　おも・う　［急］キュウ　いそ・ぐ　［息］ソク　いき
［悪］アク　オ　わる・い　［悲］ヒ　かな・しい　［意］イ　［感］カン　［想］ソ　ソウ　おも・う
［必］ヒツ　かなら・ず　［念］ネン　［愛］アイ　［志］シ　こころざし　こころざ・す
［応］オウ　［恩］オン　［態］タイ　［忘］ボウ　わす・れる　［忠］チュウ　［憲］ケン
［忌］キ　い・む　［忍］ニン　しの・ぶ　［怒］ド　いか・る　おこ・る
［怠］タイ　おこた・る　なま・ける　［恋］レン　こい・しい　こ・う
［恐］キョウ　おそ・ろしい　［恥］チ　はじ　は・じる　は・ずかしい
［恵］エ　ケイ　めぐ・む　［患］カン　わずら・う　［悠］ユウ　［惑］ワク　まど・う
［愁］シュウ　うれ・い　［愚］グ　おろ・か　［慈］ジ　いつく・しむ　［慮］リョ
［慰］イ　なぐさ・める　［慶］ケイ　［憂］ユウ　う・い　うれ・い　［憩］ケイ　いこ・う
［懇］コン　ねんご・ろ　［懲］チョウ　こ・りる　［懸］ケン　か・かる
［快］カイ　こころよ・い　［性］セイ　ショウ　［情］ジョウ　セイ　なさ・け
［慣］カン　な・れる　な・らす　［忙］ボウ　いそが・しい　［怖］フ　こわ・い
［怪］カイ　あや・しい　［恨］コン　うら・む　［悔］カイ　く・いる　くや・しい
［恒］コウ　［悦］エツ　［悟］ゴ　さと・る　［悩］ノウ　なや・む　［悼］トウ　いた・む
［惜］セキ　お・しい　［惨］サン　ザン　みじ・め　［惰］ダ　［愉］ユ

心 忄 ⺗

[慌] コウ　あわ・てる　[慎] シン　つつし・む　[慨] ガイ　なげ・く　[慢] マン
[憎] ゾウ　にく・い　[憤] フン　いきどお・る　[憶] オク　[憾] カン
[懐] カイ　ふところ　なつ・かしい　[恭] キョウ　うやうや・しい　[慕] ボ　した・う

※こころ・りっしんべん・したごころ

气

[気] キ　ケ

※きがまえ

示 ネ

[祭] サイ　まつ・り　[票] ヒョウ　[示] シ　ジ　しめ・す　[禁] キン
[社] シャ　やしろ　[礼] ライ　レイ　[神] シン　ジン　かみ　かん　こう　[福] フク
[祝] シュク　シュウ　いわ・う　[祖] ソ　[祈] キ　いの・る　[祉] シ　[祥] ショウ
[禍] カ　[禅] ゼン

※しめす・しめすへん

言

[言] ゲン　ゴン　い・う　こと　[計] ケイ　はか・る　[記] キ　しる・す
[話] ワ　はなし　はな・す　[語] ゴ　かた・る　[読] トウ　トク　ドク　よ・む
[詩] シ　[談] ダン　[調] チョウ　しら・べる　ととの・える　[訓] クン
[試] シ　こころ・みる　ため・す　[説] セツ　ゼイ　と・く　[課] カ　[議] ギ
[許] キョ　ゆる・す　[設] セツ　もう・ける　[証] ショウ　[評] ヒョウ　[講] コウ
[謝] シャ　あやま・る　[識] シキ　[護] ゴ　まも・る　[討] トウ　う・つ
[訪] ホウ　たず・ねる　おとず・れる　[訳] ヤク　わけ　[詞] シ　[誌] シ
[誠] セイ　まこと　[誤] ゴ　あやま・る　[認] ニン　みと・める　[諸] ショ
[誕] タン　[論] ロン　[警] ケイ　[訂] テイ　[託] タク　[訴] ソ　うった・える
[訟] ショウ　[診] シン　み・る　[詐] サ　[詔] ショウ　みことのり
[詠] エイ　よ・む　[詰] キツ　つ・める　[該] ガイ　[詳] ショウ　くわ・しい
[誇] コ　ほこ・る　[誉] ヨ　ほま・れ　[誓] セイ　ちか・う　[誘] ユウ　さそ・う
[謁] エツ　[請] セイ　う・ける　こ・う　[諾] ダク　[諭] ユ　さと・す

言

[諮] シ　はか・る　[謀] ボウ　ム　はか・る　[謡] ヨウ　うたい　うた・う　[謄] トウ
[謙] ケン　[謹] キン　つつし・む　[譲] ジョウ　ゆず・る　[譜] フ

※ごんべん・ことば

見

[見] ケン　み・る　[親] シン　おや　した・しい　[覚] カク　おぼ・える　さ・める
[観] カン　み・る　[規] キ　[視] シ　[覧] ラン

※みる

力

[力] リキ　リョク　ちから　[助] ジョ　たす・ける　すけ　[勉] ベン　つと・める
[動] ドウ　うご・く　[勝] ショウ　か・つ　まさ・る　[加] カ　くわ・える
[功] ク　コウ　[努] ド　つと・める　[労] ロウ　[勇] ユウ　いさ・ましい
[効] コウ　き・く　[務] ム　つと・める　[勢] セイ　いきお・い
[勤] キン　ゴン　つと・める　[劣] レツ　おと・る　[励] レイ　はげ・む　[劾] ガイ
[勅] チョク　[勘] カン　[募] ボ　つの・る　[勧] カン　すす・める　[勲] クン

※ちから

用

[用] ヨウ　もち・いる

※もちいる

行

[行] ギョウ　コウ　アン　い・く　ゆ・く　おこな・う　[街] カイ　ガイ　まち
[術] ジュツ　すべ　[衛] エイ　[衝] ショウ　[衡] コウ

※ぎょうがまえ・ゆきがまえ

彳

[後] コウ　ゴ　あと　うし・ろ　おく・れる　のち　[役] エキ　やく　[待] タイ　ま・つ
[径] ケイ　[徒] ト　[得] トク　え・る　う・る　[往] オウ　[復] フク　[徳] トク
[律] リツ　リチ　[従] ジュウ　ジュ　ショウ　したが・う　[彼] ヒ　かれ　かの
[征] セイ　[徐] ジョ　[御] ギョ　ゴ　お　おん　[循] ジュン　[微] ビ　かす・か
[徴] チョウ　[徹] テツ

※ぎょうにんべん

走

[走] ソウ　はし・る　[起] キ　お・きる　[赴] フ　おもむ・く　[超] チョウ　こ・える
[越] エツ　こ・える　[趣] シュ　おもむき

※そうにょう

⻌ ⻍	[近]キン コン ちか・い [通]ツ ツウ かよ・う とお・る [週]シュウ [道]トウ ドウ みち [遠]エン オン とお・い [返]ヘン かえ・す [送]ソウ おく・る [追]ツイ お・う [速]ソク はや・い すみ・やか [進]シン すす・む [運]ウン はこ・ぶ [遊]ユ ユウ あそ・ぶ [辺]ヘン あた・り べ [連]レン つら・なる つ・れる [達]タツ タチ [選]セン えら・ぶ [述]ジュツ の・べる [逆]ギャク さか・らう [退]タイ しりぞ・く [迷]メイ まよ・う [造]ゾウ つく・る [過]カ す・ぎる あやま・ち [適]テキ [遺]イ ユイ [込]こ・む [迅]ジン [迎]ゲイ むか・える [迫]ハク せま・る [迭]テツ [逃]トウ に・げる [透]トウ す・ける [逐]チク [逓]テイ [途]ト [逝]セイ ゆ・く [逮]タイ [逸]イツ [遂]スイ と・げる つい・に [遅]チ おく・れる おそ・い [遇]グウ [遍]ヘン [違]イ ちが・う [遣]ケン つか・わす [遭]ソウ あ・う [遮]シャ さえぎ・る [遷]セン [遵]ジュン [避]ヒ さ・ける [還]カン	※しんにゅう・にてんしんにゅう
廴	[建]ケン コン た・てる [延]エン の・びる [廷]テイ	※えんにょう
入	[入]ニュウ い・れる はい・る	※いりがしら
飛	[飛]ヒ と・ぶ	※とぶ
癶	[発]ハツ ホツ [登]ト トウ のぼ・る	※はつがしら
生	[生]ショウ セイ い・きる う・む お・う き なま は・える [産]サン うぶ う・む	※うまれる

部首	漢字・読み	名称
勹	[包] ホウ つつ・む [勺] シャク [匁] もんめ	※つつみがまえ
无旡	[既] キ すで・に	※む・き・け
隶	[隷] レイ	※れいづくり
至	[至] シ いた・る [致] チ いた・す	※いたる
止	[正] ショウ セイ ただ・しい まさ [止] シ と・める [歩] フ ブ ホ ある・く あゆ・む [歴] レキ [武] ブ ム [歳] サイ セイ とし	※とめる
立	[立] リツ リュウ た・つ [章] ショウ [童] ドウ わらべ [競] キョウ ケイ きそ・う せ・る [端] タン は はし はた	※たつ
舛	[舞] ブ まい ま・う	※まいあし・ます
又	[友] ユウ とも [反] ハン ホン タン そ・る [取] シュ と・る [受] ジュ う・ける [収] シュウ おさ・める [又] また [及] キュウ およ・ぶ [双] ソウ ふた・つ [叔] シュク お [叙] ジョ	※また
欠	[歌] カ うた・う [次] シ ジ つぎ つ・ぐ [欠] ケツ か・ける [欲] ヨク ほ・しい ほっ・する [欧] オウ [欺] ギ あざむ・く [款] カン [歓] カン よろこ・ぶ	※あくび・かける
非	[非] ヒ	※あらずのひ
艮	[良] リョウ よ・い	※こんづくり

食 飠	[食]ショク　ジキ　く・う　た・べる　[養]ヨウ　やしな・う　[飲]イン　の・む [館]カン　やかた　[飯]ハン　めし　[飼]シ　か・う　[飢]キ　う・える　[餓]ガ [飽]ホウ　あ・きる　[飾]ショク　かざ・る	※しょく・しょくへん
甘	[甘]カン　あま・い　[甚]ジン　はなは・だ	※あまい
辛	[辞]ジ　や・める　[辛]シン　から・い　つら・い	※からい
香	[香]キョウ　コウ　か　かお・る	※かおり
冂	[円]エン　まる・い　[内]ナイ　ダイ　うち　[再]サ　サイ　ふたた・び [冊]サク　サツ	※どうがまえ
比	[比]ヒ　くら・べる	※くらべるひ
片	[版]ハン　[片]ヘン　かた	※片がわのかた・かたへん
方	[方]ホウ　かた　[族]ゾク　[旅]リョ　たび　[旗]キ　はた [施]シ　セ　ほどこ・す　[旋]セン	※方角のかた・かたへん
文	[文]ブン　モン　ふみ	※ぶん・ぶんにょう
而	[耐]タイ　た・える	※じ・しこうして・しかして

おうちに帰ったら
お父さんもお母さんも
お爺ちゃんもお婆ちゃんも
ミ〜ンナが守ってくれるワ
とってもシアワセ！

☆第七章

人の社会的な立場が部首になっている

家族の中での立場
社会の中の立場が
言葉や漢字になってるのサ
「国」の字を見てごらん
みんなは「口《くにがまえ》」の中の
「玉《たま》＝宝《たから》」なのサ

1 部首がマンガになっちゃった

「父母子」・・・人の立場が部首になる

(1) 「会と合」の部首は同じなの？
ぜ〜んぜん　別なんだって〜

(2) 「王と玉」
どっちが部首の王様なんでしょう

2 漢字能力検定クイズ

クイズを解けば覚えるポイントがわかる

(1) 部首クイズ
(2) 漢字クイズ
(3) 熟語クイズ

3 部首と漢字の一覧表

(1) 学習漢字は学習する学年まで表示
(2) 常用漢字（中学生）もすべて掲載
(3) 一般漢字も特殊なもの以外はすべて掲載

7章　人の立場が部首になる ①

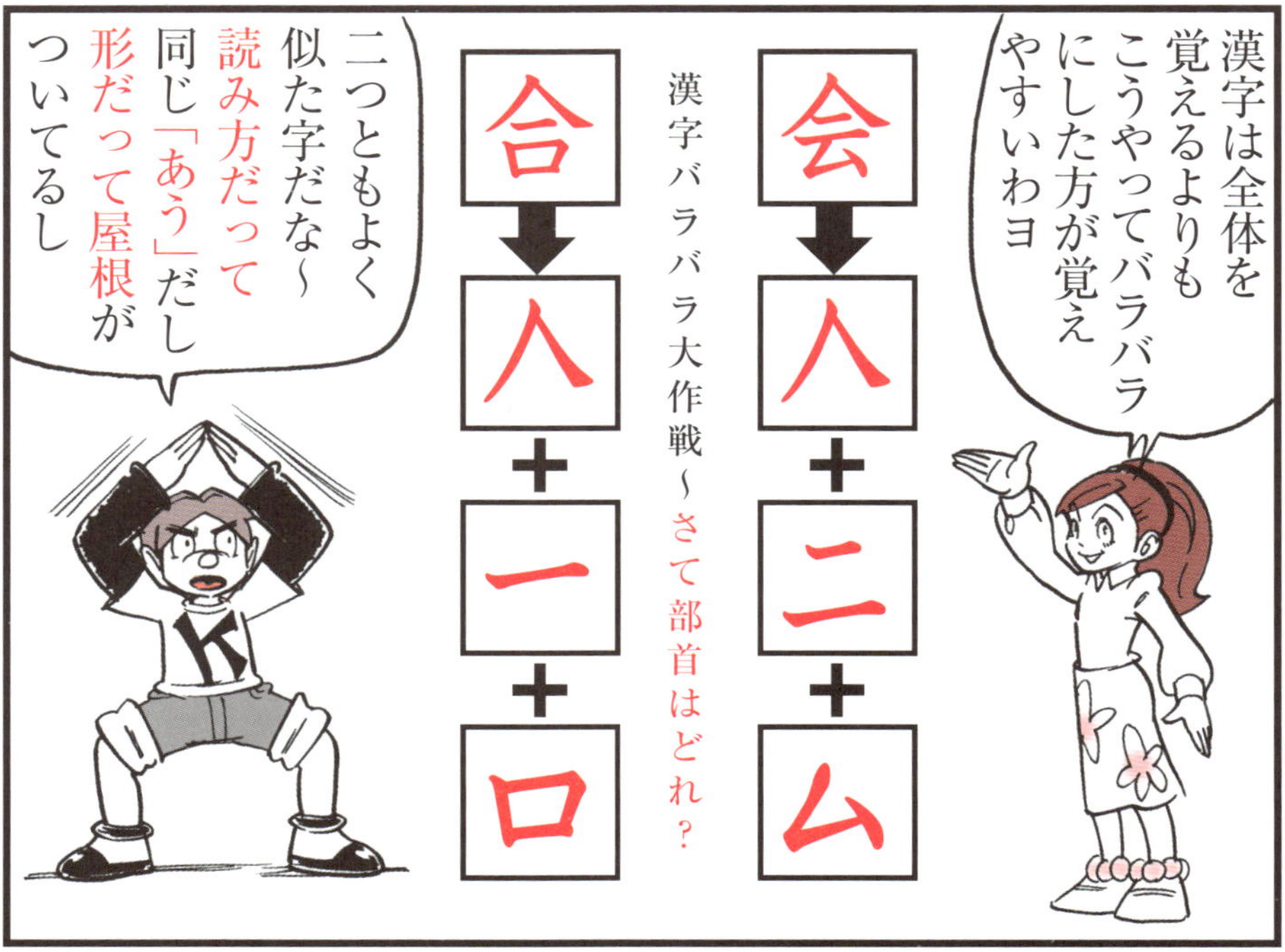
漢字は全体を覚えるよりもこうやってバラバラにした方が覚えやすいわヨ
会
人
＋
二
＋
ム
漢字バラバラ大作戦～さて部首はどれ？
合
人
＋
一
＋
口
二つともよく似た字だな～読み方だって同じ「あう」だし形だって屋根がついてるし
K

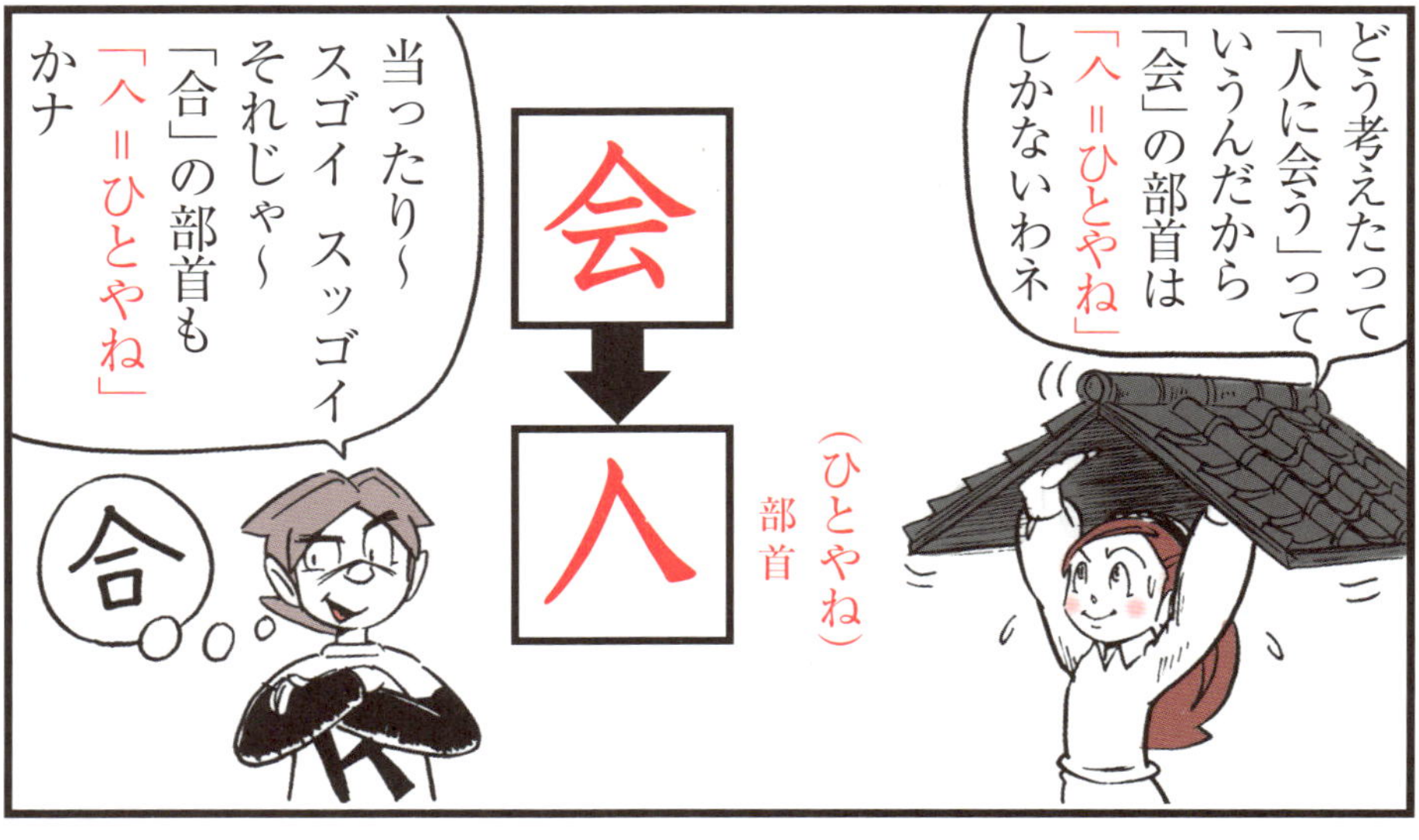
どう考えたって「人に会う」っていうんだから「会」の部首は「へ＝ひとやね」しかないわネ
会
人
（ひとやね）
部首
当ったり～スゴイ スッゴイそれじゃ～「合」の部首も「へ＝ひとやね」かナ
合
K

そうはいかないわヨ「会う」は人の出会いのときに使う言葉だけど「合う」は物が「あう」ときに使われる言葉だから　意味が違うのよネ〜
合
人
一
口
フ〜ン「合う」ってことは二つ以上の物があるんだから部首は「二」じゃ〜ないしナ〜

残りは「口」で意味も合うから「合」の部首は「口＝くち」で〜すっ
合
口
部首＝くち
フタの口が合う
ぴったり
ヤッタ　ヤッタ〜漢字の意味が違えば　部首も違うことになるんだ〜

7章　人の立場が部首になる ②

エ〜ッ これって同じ漢字じゃないの「毋」は「母」を続けて書いた字だとばかり思ってたゼ
はは
母
ははのかん
毋
なかれ＝禁止すること
いいえ〜 もともと別の字だけど「毋」＝ははのかん・なかれ を部首にしちゃったのヨ

でもサ〜「母」を使った熟語がいっぱいあるジャン
どっちゃり
母校《ぼこう》・母音《ぼいん》
母船《ぼせん》・賢母《けんぼ》
拇印《ぼいん》・毓《そだ》てる
母は偉大なりっていうでしょ だから「母」に関する字と言葉だけは「毋」にしなかったのネ

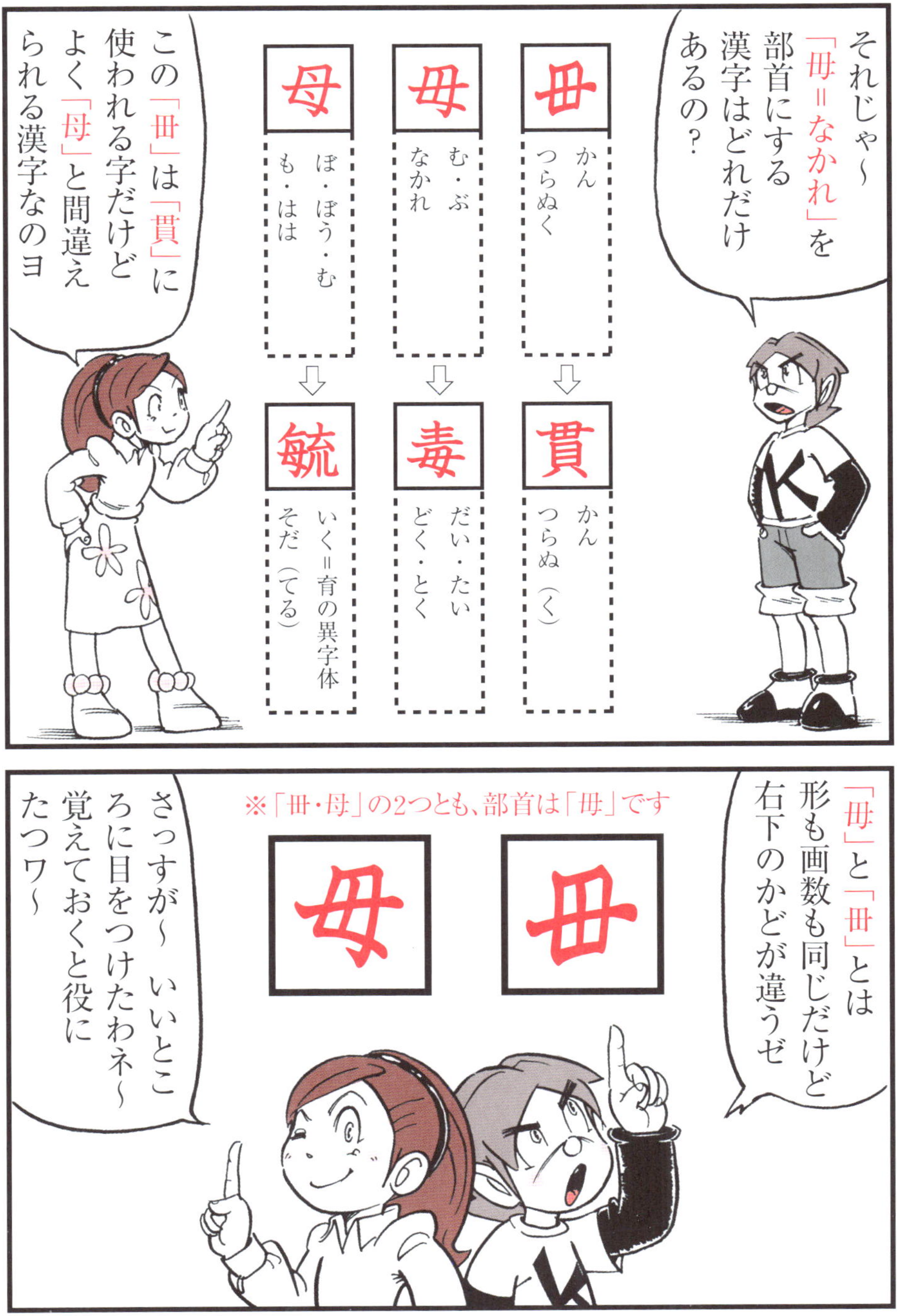
それじゃ～「毋＝なかれ」を部首にする漢字はどれだけあるの？
毌
かん
つらぬく
貫
かん
つらぬ（く）
毋
む・ぶ
なかれ
毒
だい・たい
どく・とく
母
ぼ・ぼう・む
も・はは
毓
いく＝育の異字体
そだ（てる）
この「毌」は「貫」に使われる字だけどよく「毋」と間違えられる漢字なのヨ
※「毌・毋」の2つとも、部首は「毋」です
毌
毋
「毋」と「毌」とは形も画数も同じだけど右下のかどが違うゼ
さっすが～ いいところに目をつけたわネ～ 覚えておくと役にたつワ～

第7章「王も臣も民も」社会的な立場を意味しているのサ

☆各章のクイズのほとんどが、それぞれの「部首・漢字表」から出されていますから、その表を見て答えて下さい。

☆このクイズは、1章～7章まで、各章ごとの後半に出題されています。

漢字能力検定クイズ

サ～チャレンジしてみよう

★出題の順序★

1 部首クイズ
2 漢字クイズ
3 熟語クイズ

第7章

1 部首クイズ

※答えは186ページ

問題（1） 次のワクの中で、部首が「亻＝にんべん」ではない漢字が一個だけあります。その漢字を答えなさい。

代　俳　佳
休　保　化

答え

問題（2） 次のワクの中で、部首が「女＝おんな（へん）」ではない漢字が一個だけあります。その漢字を答えなさい。

好　妙　威
要　娘　妻

答え

問題（3） 次の①〜⑩の漢字の部首と部首名を答えなさい。

	①	②	③	④	⑤	⑥	⑦	⑧	⑨	⑩
漢字	倉	俳	姉	民	理	困	臨	式	売	巻
部首										
部首名										

第7章 ② 漢字クイズ

※答えは186ページ

問題(1) 次の漢字の音読みと訓読みを答えなさい。また、音読み訓読みがないときはなしと答えなさい。常用漢字にない読み方は書かなくてよい。

漢字	音読み	訓読み
① 舎		
② 健		
③ 毒		
④ 存		
⑤ 姿		
⑥ 班		
⑦ 固		
⑧ 声		

問題(2) 一個の漢字を上下二つに分け、Aのワクには上半分をBには下半分を書いています。このAとBを合体させて、漢字を四個完成させなさい。

例： A 耂 ＋ B 匕 ＝ 老

A: 毒、宀、爫、十
B: 皿、一、子、女

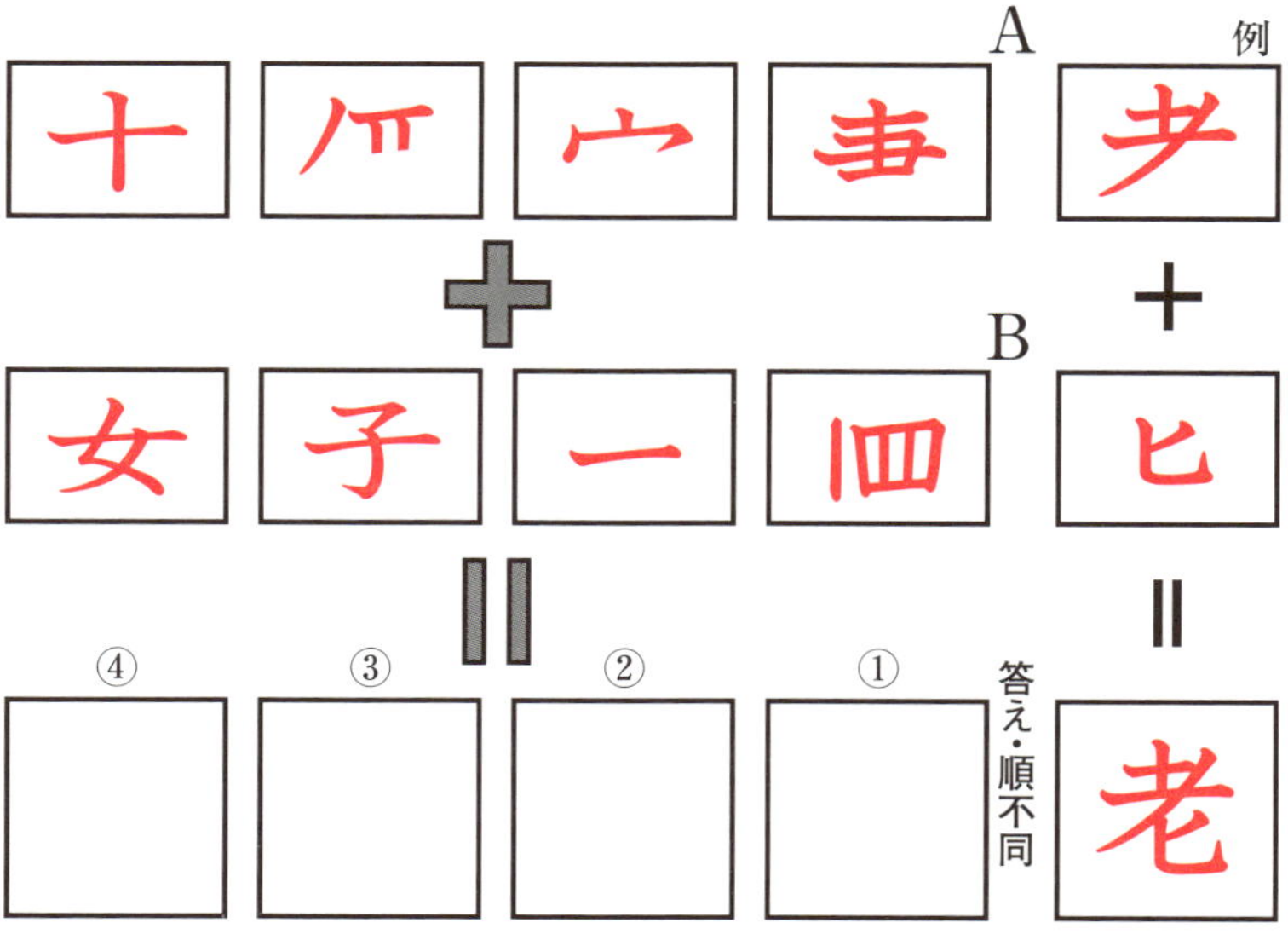

3 熟語クイズ

※答えは186ページ

問題(1) 次の①～⑨の――線が付いているカタカナの言葉を漢字で答えなさい。

	熟語の読み	漢字
①	友だちにアうのが楽しみサ	
②	心のキズがいたむのサ	
③	マゴが一番かわいいんだって	
④	そろそろ勉強をハジめるゾ～	
⑤	ゲンジツはきびしい	
⑥	ドウブツエンは楽しいな	
⑦	電車がリンジに出るんだって	
⑧	まだ一つもウれていない	
⑨	テイシャ時間は二分です	

問題(2) 次の空いている□に漢字を書いて、二つの熟語を作りなさい。漢字は下の赤ワクから選びなさい。

	上	中	下
①	完	□	国
②	駅	□	記
③	数	□	転
④	大	□	援

（上＋□＝熟語、□＋下＝熟語）

全　声　回　伝

問題(3) 左のワクから二個の漢字を選び、熟語を作りなさい。漢字を一度ずつ全部使ったら正解です。

作間始信
住原因日
仲終品員
仏委季教
毎四所通

答え 順不同

①	④	⑦	⑩
②	⑤	⑧	
③	⑥	⑨	

7章　人の社会的な立場が部首になっている

部首	部首の名前（部首名）	漢字（○の中の数字は小学生の学習学年・◎は常用漢字・◇は一般高頻度使用漢字）
人	ひと	①人　④以
〈𠆢〉	〈ひとやね・ひとがしら〉	②今会　③全　④令倉　⑤余舎　◎介企傘舗
〈亻〉	〈にんべん〉	①休　②何作体　③仕他代住使係倍　④付仲伝位低例信便候借健側停働　億　⑤仏仮件任似価保個修俵備像　⑥仁供値俳傷優　◎仙仰伏伐伯伴伸　伺但佐佳侍依侮併俗侯侵促俊倒倣倫倹俸偏偶偽偵傍偉債催傾僧傑　僚僕儀儒償
父	ちち	②父　◇爺（ヤ・じじ・じい）
毋	ははのかん・なかれ	②毎　④毒
〈母〉	〈はは〉	②母　※音符　苺（いちご）・姆（うば）・栂（つが・とが＝松科の常緑樹）
子	こ（へん）	①子字学　④季孫　⑥存孝　◎孔孤
老	おいがしら・おいかんむり	④老　◇耆（伯耆の国＝ほうきのくに）
〈耂〉	〈おいがしら・おいかんむり〉	②考　③者
女	おんな（へん）	①女　②姉妹　③委始　④好　⑤妻婦　⑥姿　◎奴如妃妄妊娠妙妥妨姓婚姻　威姫娘娯婆媒婿嫁嫌嫡嬢
自	みずから	②自　◎臭　※音符　嗅覚（キュウカク）
己	おのれ	⑥己　巻　◇巴（ハ・へ・ともえ＝腹ばいになる）・巳（シ・ジ・み＝蛇）・已（イ＝すでに）
氏	うじ	④氏民　※音符　低（ひく・い）・昏睡（コンスイ）・抵当（テイトウ）
玉	たま	①玉　◇璽（し・じ＝天子の印）
〈王〉	〈おうへん〉	①王　②理　③球　⑤現　⑥班　◎珍珠琴環
囗	くにがまえ	①四　②国回図園　④固囲　⑤因団　⑥困　◎囚圏　◇圃（フ・ホ）・圀（コク・くに＝領地）
臣	しん	④臣　⑥臨　◇臥（ガ＝伏せて寝る）
弋	しきがまえ・よく	③式　◎弐　※音符　払拭（フッショク）・試験（シケン）
士	さむらい	②声　売　④士　◎壱壮壬　◇壺（グ・コ・ゴ・つぼ）

漢字表の中の漢字の読み方

7章　人の社会的な立場が部首になっている

部首	［漢字］読み方
人	［人］ジン　ニン　ひと　［以］イ　もっ・て　［今］キン　コン　いま　［会］エ　カイ　あ・う
𠆢	［全］ゼン　まった・く　［令］レイ　［倉］ソウ　くら　［余］ヨ　あま・る　［舎］シャ
	［介］カイ　［企］キ　くわだ・てる　［傘］サン　かさ　［舗］ホ　※ひと・ひとやね・ひとがしら
イ	［休］キュウ　やす・む　［何］カ　なに　なん　［作］サ　サク　つく・る　［体］タイ　テイ　からだ
	［仕］シ　ジ　つか・える　［他］タ　ほか　［代］タイ　ダイ　か・わる　しろ　よ
	［住］ジュウ　す・む　［使］シ　つか・う　［係］ケイ　かかり　かか・る　［倍］バイ
	［付］フ　つ・く　［仲］チュウ　なか　［伝］デン　つた・える　［位］イ　くらい
	［低］テイ　ひく・い　［例］レイ　たと・える　［信］シン
	［便］ビン　ベン　たよ・り　［候］コウ　そうろう　［借］シャク　か・りる
	［健］ケン　すこ・やか　［側］ソク　かわ　［停］テイ　と・まる　［働］ドウ　はたら・く
	［億］オク　［仏］ブツ　ほとけ　［仮］カ　ケ　かり　［件］ケン　［任］ニン　まか・す
	［似］ジ　に・る　［価］カ　あたい　［保］ホ　たも・つ　［個］コ
	［修］シュウ　シュ　おさ・める　［俵］ヒョウ　たわら　［備］ビ　そな・わる　［像］ゾウ
	［仁］ジン　ニ　［供］キョウ　ク　そな・える　とも　［値］チ　ね　あたい　［俳］ハイ
	［傷］ショウ　きず　いた・む　［優］ユウ　すぐ・れる　やさ・しい

部首	漢字・読み	備考
	[仙]セン [仰]ギョウ コウ あお・ぐ おお・せ [伏]フク ふ・せる [伐]バツ [伯]ハク [伴]ハン バン ともな・う [伸]シン の・びる [伺]シ うかが・う [但]ただ・し [佐]サ [佳]カ ケイ [侍]ジ さむらい [依]イ エ [侮]ブ あなど・る [併]ヘイ あわ・せる [俗]ゾク [侯]コウ [侵]シン おか・す [促]ソク うなが・す [俊]シュン [倒]トウ たお・す [倣]ホウ なら・う [倫]リン [倹]ケン [俸]ホウ [偏]ヘン かたよ・る [偶]グウ [偽]ギ いつわ・る にせ [偵]テイ [傍]ボウ かたわ・ら [偉]イ えら・い [債]サイ [催]サイ もよお・す [傾]ケイ かたむ・く [僧]ソウ [傑]ケツ [僚]リョウ [僕]ボク [儀]ギ [儒]ジュ [償]ショウ つぐな・う	※にんべん
父	[父]フ ちち	※ちち
毋 母	[毎]マイ [毒]ドク [母]ボ モ はは	※ははのかん・なかれ
子	[子]シ ス こ [字]ジ あざ [学]ガク まな・ぶ [季]キ [孫]ソン まご [存]ソン ゾン [孝]コウ [孔]コウ [孤]コ	※こ（へん）
老 耂	[老]ロウ お・いる ふ・ける [考]コウ かんが・える [者]シャ もの	※おいがしら・おいかんむり
女	[女]ジョ ニョ ニョウ おんな め [姉]シ あね [妹]マイ いもうと [委]イ [始]シ はじ・める [好]コウ この・む す・く [妻]サイ つま [婦]フ [姿]シ すがた [奴]ド やっこ [如]ジョ ニョ ごとし [妃]ヒ [妄]モウ ボウ [妊]ニン [娠]シン [妙]ミョウ [妥]ダ [妨]ボウ さまた・げる [姓]ショウ セイ [婚]コン [姻]イン [威]イ [姫]キ ひめ [娘]むすめ [娯]ゴ [婆]バ	

	［媒］バイ　［婿］セイ　むこ　［嫁］カ　とつ・ぐ　よめ ［嫌］ケン　ゲン　いや　きら・う　［嫡］チャク　［嬢］ジョウ	※おんな（へん）
自	［自］シ　ジ　みずか・ら　［臭］シュウ　くさ・い	※みずから
己	［己］キ　コ　おのれ　［巻］カン　まき　ま・く	※おのれ
氏	［氏］シ　うじ　［民］ミン　たみ	※うじ
玉王	［玉］ギョク　たま　［王］オウ　［理］リ　［球］キュウ　たま ［現］ゲン　あらわ・す　［班］ハン　［珍］チン　めずら・しい　［珠］シュ　ス　たま ［琴］キン　こと　［環］カン	※たま・おうへん
口	［四］シ　よ　よっ・つ　よん　［国］コク　くに　［回］カイ　まわ・る ［図］ズ　ト　はか・る　［園］エン　その　［固］コ　かた・い　［囲］イ　かこ・う ［因］イン　よ・る　［団］ダン　［困］コン　こま・る　［囚］シュウ　［圏］ケン	※くにがまえ
臣	［臣］シン　ジン　［臨］リン　のぞ・む	※しん
弋	［式］シキ　［弐］ニ	※しきがまえ
士	［声］ショウ　セイ　こえ　こわ　［売］バイ　う・る　［士］シ　さむらい　［壱］イチ ［壮］ソウ　［壬］ニン　ジン　みずのえ	※さむらい

1 画数が多くて覚えにくい

ボクまるごと覚えるから画数がこんなにあったら覚えられないヨ
小4 観《カン》 18画
小5 職《ショク》 18画
小6 臓《ゾウ》 19画
そうだわネ ヤッパシ 部首と音符をバラバラにすれば覚える画数は少なくなるわネ〜
1 2 3 4 5 6 7 8 9 10
11 12 13 14 15 16 17 18 19画

漢字を思い出しやすく忘れにくくするためのコツ

覚えるための考え方と方法〜音符編

18画 職《ショク》
耳 部首 6画
戠 音符 12画
18画 観《カン》
雈 音符 11画
見 部首 7画
? 戠
雈 ?
一個の漢字を二つに分ければ音符は十一画と十二画に減るからこれで覚えやすくなったわネ
それはいいんだけど この音符は両方とも単独では習ったこともないし 字典でも見たことがないぜ ボクにとっては「幻の漢字」だヨ

2 習わぬ漢字は覚えられない

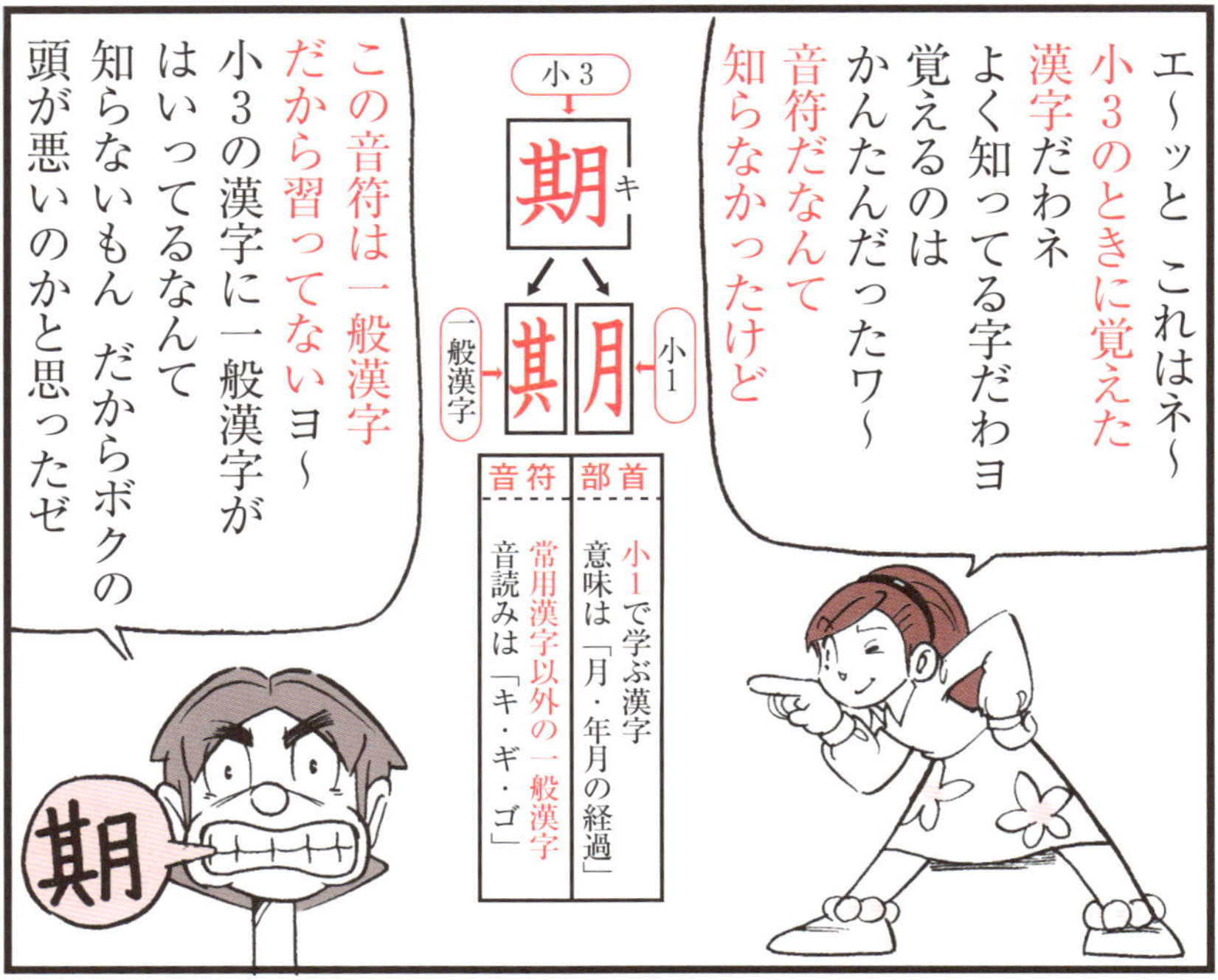

エ～ッと これはネ～ 小3のときに覚えた 漢字だわネ よく知ってる字だわヨ 覚えるのは かんたんだったワ～ 音符だなんて 知らなかったけど
小3
期
キ
月
小1
其
一般漢字
部首
小1で学ぶ漢字 意味は「月・年月の経過」
音符
常用漢字以外の一般漢字 音読みは「キ・ギ・ゴ」
この音符は一般漢字 だから習ってないヨ～ 小3の漢字に一般漢字が はいってるなんて 知らないもん だからボクの 頭が悪いのかと思ったゼ
期

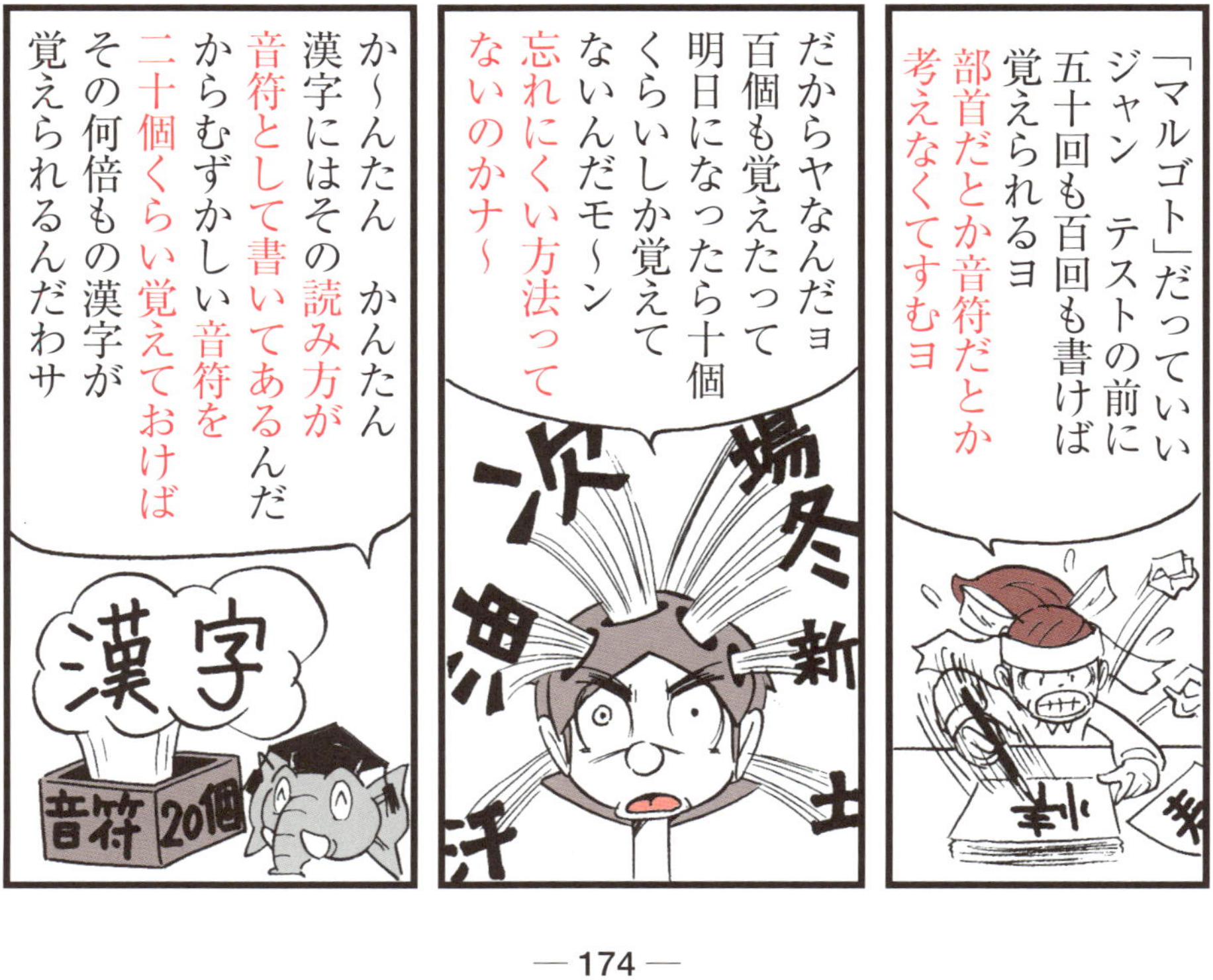

「マルゴト」だっていい ジャン テストの前に 五十回も百回も書けば 覚えられるヨ 部首だとか音符だとか 考えなくてすむヨ
だからヤなんだヨ 百個も覚えたって 明日になったら十個 くらいしか覚えて ないんだモ～ン 忘れにくい方法って ないのかナ～
次
場
冬
新
士
か～んたん かんたん 漢字にはその読み方が 音符として書いてあるんだ からむずかしい音符を 二十個くらい覚えておけば その何倍もの漢字が 覚えられるんだわサ
漢字
音符
20個

小3
期日《キジツ》
小4
国旗《コッキ》
常用漢字
棋士《キシ》
常用漢字
詐欺《サギ》
常用漢字
囲碁《イゴ》
一般漢字
麒麟《キリン》
其
キギゴ
ウッソ〜なんで一個覚えたらこ〜んなに覚えられるのサ
ホ〜ラ 見てごらん 「其」の音符の音読みは「キ・ギ・ゴ」だから全部で七個も漢字が読めるようになるんじゃヨ
ゲゲ〜ッ こりゃいい方法ジャン これでいけばボクはもうクラスでトップになれそうだゼ
1
ホ〜ント ほんとわたしだって「漢字検定」のテストを受けられそうだワ で〜も〜 こういう音符の表はどこにあるのかしら

一覧表も付いている

裁
サイ
小6
アラ〜 これは
お母さんが
「お裁ほう」する
ときの漢字だわ
だから「衣」が部首
で「戋」が「サイ」
と読む音符なのネ

音符は漢字の読み方を君に伝える役目です

漢字一個の面積の半分は音符です

音符だけでは字典に解説されていない字があります

幻の漢字

戋
サイ
音符
＋
衣
ころも
部首
かんたんそうに
言うけど「戋」が
「サイ」だなんて
だ〜れも 教えて
くれなかったぜ
字典にも「戋」な
んて字はのって
ないジャン

【表にある音符は・・】

1章　単体では字典で解説されていない音符です。

2章　単体ではほとんど使用されていない音符です。

3章　普通の漢字ですが、読み方が普通の漢字とは違う音符があります。またよく使われる音符ですが、覚えておくと役に立つ音符が掲載されています。

【音符とは・・】

1　音符のほとんどは形声文字に使われる文字です。

2　しかし、漢字の八五％以上は形声文字ですから漢字の記憶を定着させるためには、音符は重要なポイントになります。

3　しかも、他の象形文字・指事文字・会意文字は小1〜小3までに学ぶ簡単なものが多いので漢字力をつけるために重要なのは音符なのです。

音符・第1章

この字だけじゃ～字典にも載ってないし習ったこともないヨ
[字典にない字]
圣《ケイ》
そうだわネ～　でも～この字が漢字の一部として入っている漢字はよく見るけど
圣
そうだナ～「軽」は小３の学習漢字だし「経」だって小５の学習漢字だヨ
小３
軽快《けいかい》
小４
半径《はんけい》
小５
経験《けいけん》
「半径」の「径」なんか算数の勉強のときにはしょっちゅう読んだり書いたりしてたヨ
たとえ字典にない字でもこの［幻の漢字］を［ケイ］と覚えればいいんだナ
圣
!
[常用漢字]
ケイ 茎 くき
[一般漢字]
ケイ 頸 くび
そうなんだ「１」の努力で３倍も５倍もの漢字が覚えられるんだヨ
軽 径 経

音符・1章　幻の漢字をおぼえよう（1）［𢦏＝サイ］

エ〜ッ こんな漢字 見たことないぜ
𢦏
そうネ〜 この字だけでは字典にも載ってないわョ 読み方も分からないしネ〜
漢字字典
漢字

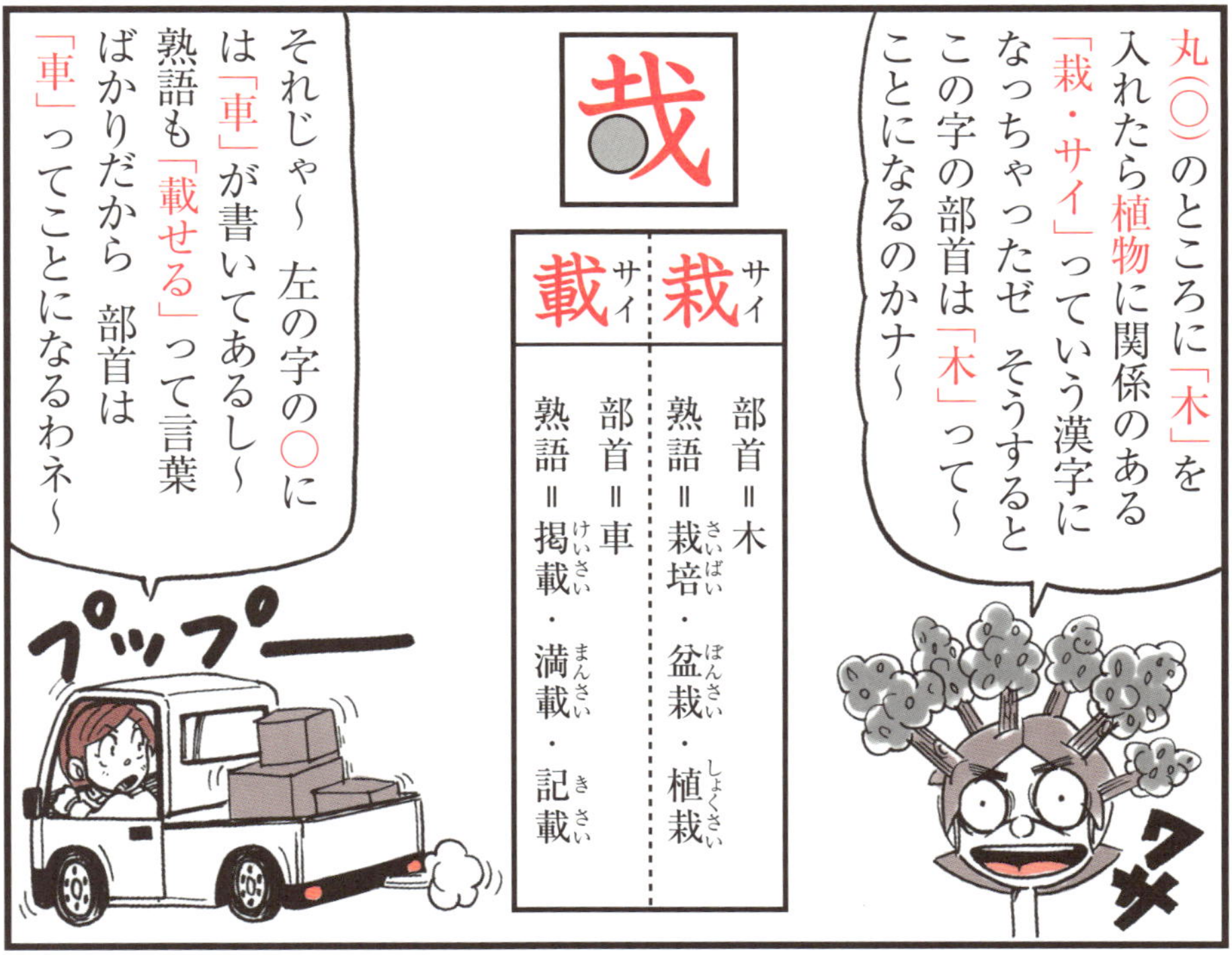

丸(○)のところに「木」を入れたら植物に関係のある「栽・サイ」っていう漢字になっちゃったぜ そうするとこの字の部首は「木」ってことになるのかナ〜
𢦏
栽《サイ》
部首＝木
熟語＝栽培《さいばい》・盆栽《ぼんさい》・植栽《しょくさい》
載《サイ》
部首＝車
熟語＝掲載《けいさい》・満載《まんさい》・記載《きさい》
それじゃ〜 左の字の○には「車」が書いてあるし〜 熟語も「載せる」って言葉ばかりだから 部首は「車」ってことになるわネ〜
プップー

こんどは○の中に「衣」と書いてあるから 衣類に関係のある漢字なんだろうナ だから部首もきっと「衣」だゼ

𢦏

裁 サイ	哉 サイ
部首＝衣（ころも） 熟語＝裁縫《さいほう》・断裁《だんさい》・裁判《さいばん》	部首＝口（くち） 熟語＝快哉《かいさい》・哉（や・か） ＝疑問、反問の助辞《じょじ》

左の字の○は「口」だから 「口」や おしゃべりすることに 関係のある漢字みたい

そうだ いいこと思いついたゼ この熟語はテストに しょっちゅう出てくるんだヨ この四つの部首を覚えて おけばテストに勝てるゼ

［問題］①〜④の「サイ」に合う漢字を解答欄に書きなさい。

① 植物を**サイバイ**する　𢦏培　解答欄 □

② 教科書に**ケイサイ**される　掲𢦏　解答欄 □

③ 母がお**サイホウ**をしている　𢦏縫　解答欄 □

④ 勝利者の**カイサイ**の叫び　快𢦏　解答欄 □

ワ〜 すごいすっごい かんたんな覚え方だワ バンザ〜イ

※答えは196ページ

音符・1章 幻の漢字をおぼえよう（2）［㑒＝ケン］

ウ〜ンとこれはよく見る字だけど何て読むのかナ〜これだけでは使わないんじゃないかナ〜
㑒
部首 音符
㑒
?
部首 音符
㑒
これは部首じゃないから形声文字でいうと読み方を表わす音符じゃないのかしら

この「倹」には「イ＝にんべん」がついてるから「人」に関係があるのかナ〜
倹《けん》約《やく》
お金や物の使い方をつつましくすること
人
K
小動物にはときどき餌《えさ》をかくすのもいるけど 計画的に貯められるのは人間だけだから「㑒」に「イ」をつけたんでしょ

こんどは「木・きへん」＋「㑒」だな「検査」ってどういう意味なのかナ〜
検査《けんさ》
ものごとを一つひとつ調べること
ナルホド
昔は長さや重さ、数量を調べる器具は木製だったからじゃないの

こんどの険は「㑒」＋「阝」だゼ冒険とか探検ってボク大好きサ
冒険《ぼうけん》
危険な高い山や未知の土地、あるいは助けを求められない大海原《おおうなばら》にあえて出かけること。
この「険」は「けわしい」って意味で使われているから「阝＝こざとへん＝阜＝大きい高い山」をつけているのネ
ヤッホー
ヤッホー

エ～ッ「阜」が「こざとへん」なの？初めて聞いたゼ
おどろき
大人用の字典の部首
阜《ふ》
部首の名前
こざとへん
子供用の字典の部首
阝
※一 漢字の左側につく
※二 大人用字典では「阜」の下にカッコ付きで書かれてある。
そうだわヨ～ 子供用の字典には「阝」が部首に載ってるけど大人用の字典の部首は「阜」で「阝」は(かっこ)付きで書かれているわネ

ア～ 分かった～「阜」が部首になると画数が少なくなるんだナ それにしても「阜」が「こざとへん」の部首とはネ ついでに聞くけど「阝・おおざと」はどうなの
おおざと
こざとへん
大人用の字典の部首
邑《むら》
部首の名前
おおざと
子供用の字典の部首
阝
※一 漢字の右側につく
※二 大人用字典では「邑」の下にカッコ付きで書かれてある。
「阜」は「大きい丘や山」という意味だけど「邑＝阝」は「国や村」のことを指してるみたいネ

音符・1章　幻の漢字をおぼえよう（3）［复＝フク］

「襾」は元は「襾」だったから「オワンをひっくり返した形の字」なので「ひっくり返す」という漢字の部首になるのサ

するって〜と「彳」は「前に進む」ことなんだから　いったい何が前進するんだろうナ〜

［問題］　次の漢字の中の■に合う部首を下から選んで答えなさい。

☆答える部首　襾　ネ　彳　月

①おなかが痛いこと

■复《ふく》痛《つう》

答え

②元の通りによくなる

回《かい》■复《ふく》

答え

③二個以上のこと

■复《ふく》数《すう》

答え

④ひっくり返ること

転《てん》■复《ぷく》

答え

「ネ」は「衣へん」だから服に関係があるとすると　服は何枚も重ねて着るんだから…　分かった〜　あれだ〜っ

エ〜ッ　最初っから問題が出るの〜　「月」は人のからだと　からだ以外に分けるんだったナ〜

※答えは196ページ

……音符・第1章　小中学生が学ぶ常用漢字なのに……

音符表・幻の漢字

だからこの音符を覚えたら記憶量が百倍に増える

……単体では字典に出ていない漢字が音符として使われている……

※（　）は別の読み方　［　］は同じ読み方

読み	音符	熟　語
カイ	褱	破壊・ハカイ、述懐・ジュッカイ
カク	隺	確実・カクジツ、鶴首・カクシュ
カク	蒦	獲得・カクトク、収穫・シュウカク
カン	雚	観光・カンコウ、歓声・カンセイ、勧業・カンギョウ、（権利・ケンリ）
カン	睘	環境・カンキョウ、還元・カンゲン
キン	堇	謹賀・キンガ、勤務・キンム、僅少・キンショウ　※（菫・スミレ）と音符のキンとは、画数が違います
ケイ	圣	軽快・ケイカイ、経験・ケイケン、半径・ハンケイ、（茎・クキ）［頸椎・ケイツイ］
ケン	㑒	倹約・ケンヤク、検査・ケンサ、冒険・ボウケン、試験・シケン、剣・ケン、劔・ケン、［石鹸・セッケン］
サイ	𢦏	栽培・サイバイ、裁判・サイバン、掲載・ケイサイ、快哉・カイサイ
ジョウ	襄	お嬢・（お）ジョウ、醸造・ジョウゾウ、土壌・ドジョウ、委譲・イジョウ、［穣歳・ジョウサイ］

読み	音符	熟語
ショク	戠	職業・ショクギョウ、織女星・ショクジョセイ、（知識・チシキ）
シン	𠬶	侵入・シンニュウ、浸水・シンスイ、寝台車・シンダイシャ
シン	亲	新品・シンピン、親密・シンミツ、薪炭・シンタン
ツウ	甬	交通・コウツウ、頭痛・ズツウ、（湯桶・ユトウ）
テイ	氐	低下・テイカ、船底・センテイ、邸宅・テイタク、抵抗・テイコウ
テキ	啇	敵・テキ、適当・テキトウ、摘発・テキハツ、水滴・スイテキ
テツ	㪿	徹夜・テツヤ、撤退・テッタイ、［轍・テツ・ワダチ］
ノウ	𡿺	頭脳・ズノウ、苦悩・クノウ
バイ	咅	倍数・バイスウ、栽培・サイバイ、賠償・バイショウ、陪審・バイシン、（運動部・ウンドウブ）
ハク	尃	博士・ハクシ、薄暮・ハクボ、（捕縛・ホバク、名簿・メイボ）
フク	复	腹痛・フクツウ、回復・カイフク、複数・フクスウ、転覆・テンプク
フク	畐	幸福・コウフク、副業・フクギョウ、輻射熱・フクシャネツ、幅員・フクイン
リュウ	㐬	流行・リュウコウ、硫酸・リュウサン、［琉球・リュウキュウ］
リョウ	夌	丘陵・キュウリョウ、凌駕・リョウガ、稜線・リョウセン
リン	粦	隣人・リンジン、燐・リン、麒麟・キリン、［逆鱗・ゲキリン］、（憐憫・レンビン）
ロク	彔	録音・ロクオン、禄高・ロクダカ、（新緑・シンリョク）

6章のクイズの解答欄

1 部首クイズ

問題(1) 視＝みるへん

問題(2) 再 用＝よう、同＝くち、周＝くち、肉＝にく、典＝はち もしくは八 問題(3) ①心 ②辶

問題(4) ①气 きがまえ ②示 しめす ③彳 ぎょうにんべん ④廴 えんにょう ⑤飛 とぶ ⑥癶 はつがしら ⑦勹 つつみがまえ ⑧止 とめる ⑨飠 しょくへん ⑩方（方角の）かたへん

問題(5) ①朮 術 ②韋 衛 ③重 衝 ④圭 街

2 漢字クイズ

問題(1) ①シ こころざし ②カイ こころよ（い） ③ソ・なし ④ラン・なし ⑤コウ・なし ⑥シ か（う） ⑦リョ・たび

問題(2) ①愛 ②競 ③慣 ④遊

3 熟語クイズ

問題(1) ①恩恵 ②愛情 ③祭（り） ④観光 ⑤選手 ⑥延期 ⑦出版 ⑧旅館

問題(2) 起床 内外 勝利 欲望 祝日 生徒 悪者 児童 謝礼

7章のクイズの解答欄

1 部首クイズ

問題(1) 化（この文字は人と関わりがうすいので他の部首です）

問題(2) 要

問題(3) ①𠆢・ひとやね ②亻 にんべん ③女 おんなへん ④氏 うじ ⑤王 おうへん ⑥囗 くにがまえ ⑦臣 しん ⑧弋 しきがまえ ⑨士 さむらい ⑩己 おのれ

2 漢字クイズ

問題(1) ①シャ・なし ②ケン すこ（やか） ③ドク・なし ④ソン・ゾン・なし ⑤シ すがた ⑥ハン・なし ⑦コ かた（い） ⑧ショウ セイ こえ こわ 問題(2) ①妻 ②価 ③字 ④士

3 熟語クイズ

問題(1) ①会 ②傷 ③孫 ④始 ⑤現実 ⑥動物園 ⑦臨時 ⑧売 ⑨停車

問題(2) ①全 ②伝 ③回 ④声

問題(3) 毎日 仲間 住所 終始 委員 四季 作品 仏教 通信 原因

音符・第2章

これは学習漢字じゃないけれど常用漢字としては字典に出ているネ

［常用漢字］

且
ソ　かつ

たしかにこれだけではボクも知らない漢字だけど　これとほかに字を組み合わせた漢字ならよく知ってるヨ

ネ｜且

この「組＝くみ」なんかは小2で習う漢字だけど「組」の字の半分の「且」は学習漢字じゃないネ

漢字がむずかしい理由がこれで分かったヨ習ってない字が漢字一個の面積の半分も占めてるんだもん

小2↓

労《ろう》組《そ》

↓小5

祖《そ》先《せん》

↓常用漢字

粗《そ》悪《あく》

↓常用漢字

阻《そ》害《がい》

↓一般漢字

狙《そ》撃《げき》

そのうえその字がその漢字の読み方を伝える役目をしているんだから漢字がむずかしいはずだよネ〜

ナ〜ルヘソッ　今の今までボクは頭が悪いんだとばかり思ってたヨ
これさえ分かればモ〜漢字なんかこわくないぜ

音符・2章　幻の漢字をおぼえよう［乍＝サ・サク］

こんな字が漢字字典に載ってるなんてぜ〜んぜん知らなかったナ〜
わしゃおやじ
乍
サ・サク
たちまち
六書＝象形文字
部首＝ノかんむり
意味＝たちまち ながら
でもサ音符としてならこの字はよく使われているわヨ

そうさ〜 じゃ〜この字を使って漢字造りをやってみようか〜

☆豆知識☆親字＝漢字字典の中で1個の漢字として解説されている字

問題①

この音符［乍］に部首をつけて、物を「つく・る」という漢字にしなさい。

※答えは次の字から選びなさい。

作《サク》・搾《サク》・昨《サク》・詐《サク》・炸《サク》

答え［　　］

※答えはP196

物を「つく・る」という意味の漢字をつくればいいんだナ
作
搾
詐
昨
炸
?乍
物を「つく・る」ことができるのは人間しかいないわヨ だから部首はあれに決まってるワ

問題②

この音符［乍］に部首をつけて、「きのう・さくじつ」という熟語を二字で答えなさい。

※一字は次の字から選びなさい。

作《サク》・搾《サク》・昨《サク》・詐《サク》・炸《サク》

答え

※答えはP196

ヒント
「きのう」っていうのは月日のことだからこの中から選ぶとすると　これっきゃないジャン

問題③

この音符 乍 に
部首をつけて、
「さぎょう」という二字熟語
を二字で答えなさい。

※一字は次の字から
選びなさい。

作《サク》・搾《サク》・昨《サク》・詐《サク》・炸《サク》

答え

※答えはP196

「さぎょう」というのは人間のすることなんだからやっぱし部首はあれしかないナ～
ガッ
ガッ
ガッ
ちょっと!

問題④

この音符 乍 に
部首をつけて、
「さ欺《ぎ》」という二字熟語の
「さ」を漢字で答えなさい。

※答えは次の字から
選びなさい。

作《サク》・搾《サク》・昨《サク》・詐《サク》・炸《サク》

答え

※答えはP196

「さ欺《ぎ》」は「人が口で
話すことで人をだます」
ことなんだから
そういう部首を探せば
いいいんでないの～
オレオレ

問題⑤

この音符［乍］に部首をつけて、「さく裂《れつ》」という二字熟語の「さく」を漢字で答えなさい。

※答えは次の字から選びなさい。

作《サク》・搾《サク》・昨《サク》・詐《サク》・炸《サク》

答え［　　］

※答えはP196

「さくれつ」っていうのは「爆発」することだから「火」を使うのヨ～
はっしゃー
ドッカーン

……音符・第2章 単体ではほとんど使われていない漢字の表……

音符表・幻の漢字

……しかし漢字一個の中では音符としてよく使われている……

だからこの音符を覚えたら記憶量が百倍に増える

読み	音符	熟語 ※（ ）は別の読み方 ［ ］は同じ読み方
イ	韋	偉人・イジン、違反・イハン、緯度・イド、韋駄天・イダテン、（護衛・ゴエイ） ※［韋＝なめしがわ］は部首としても、漢和字典に掲載されています
エン	爰	援護・エンゴ、湲・エン、（愛媛県・エヒメケン、緩和・カンワ）
エン	袁	遠足・エンソク、公園・コウエン、犬猿・ケンエン
カ	咼	過去・カコ、渦中・カチュウ、災禍・サイカ、［鍋・カ、なべ］、［蝸・カ、かたつむり］、［堝・カ、るつぼ］、［窩・カ、あな］ ※《咼》の部首は「口」
ガイ	亥	該当・ガイトウ、骸骨・ガイコツ、弾劾・ダンガイ、労咳・ロウガイ、（核心・カクシン）
カク	鬲	間隔・カンカク、横膈膜・オウカクマク、（金融・キンユウ）
キョウ	夹	山峡・サンキョウ、任侠・ニンキョウ、狭隘・キョウアイ、挟持・キョウジ、（挟む・ハサム）
ギョウ	尭	暁天・ギョウテン、僥倖・ギョウコウ、［澆世・ギョウセイ］ ※暁の音符の部分は、堯が簡略化されたもので、常用漢字に使われています

読み	音符	熟語
グウ・グ	禺	偶然・グウゼン、遭遇・ソウグウ、寓話・グウワ、〔隅曲・グウキョク、愚痴・グチ〕
コウ	冓	講堂・コウドウ、構内・コウナイ、排水溝・ハイスイコウ
ジュク	孰	学習塾・ガクシュウジュク、完熟・カンジュク
サ・サク	乍	作業・サギョウ、作品・サクヒン、昨日・サクジツ、酢酸・サクサン、炸裂・サクレツ、詐欺・サギ、（酢・ス）
スイ	隹	推進・スイシン、円錐・エンスイ、（進歩・シンポ、集合・シュウゴウ、誰・ダレ、維新・イシン、唯一・ユイイツ・ユイイチ、雑言・ゾウゴン・ゾウゲン）
セン	戔	金銭・キンセン、深浅・シンセン、餞別・センベツ、実践・ジッセン、便箋・ビンセン、（桟橋・サンバシ、残飯・ザンパン） ※銭などの音符の部分は、戔が簡略化されたものです
ソ	且	粗暴・ソボウ、組織・ソシキ、阻害・ソガイ、狙撃・ソゲキ、祖先・ソセン、（且つ・カツ）
フン	賁	噴水・フンスイ、古墳・コフン、私憤・シフン
ヘイ	敝	紙幣・シヘイ、弊害・ヘイガイ
ヨウ	昜	太陽・タイヨウ、掲揚・ケイヨウ、楊枝・ヨウジ、潰瘍・カイヨウ、（湯・ユ、胃腸・イチョウ）
ヘキ	辟	壁画・ヘキガ、悪癖・アクヘキ、僻地・ヘキチ、〔完璧・カンペキ〕
マン	曼	漫画・マンガ、慢心・マンシン、饅頭・マンジュウ、曼陀羅・マンダラ
リョウ	尞	同僚・ドウリョウ、学生寮・ガクセイリョウ、明瞭・メイリョウ、療養・リョウヨウ、遼遠・リョウエン、燎原・リョウゲン

音符編　クイズの解答欄

音符・1章(1)［𢦏＝サイ］（179ページの答え）

問題　①栽　②載　③裁　④哉

音符・1章(3)［复＝フク］（183ページの答え）

問題　①月　②彳　③衤　④襾

音符・2章［乍＝サ・サク］（188～193ページの答え）

問題①　作　問題②　昨日　問題③　作業

問題④　詐　問題⑤　炸

音符・第3章

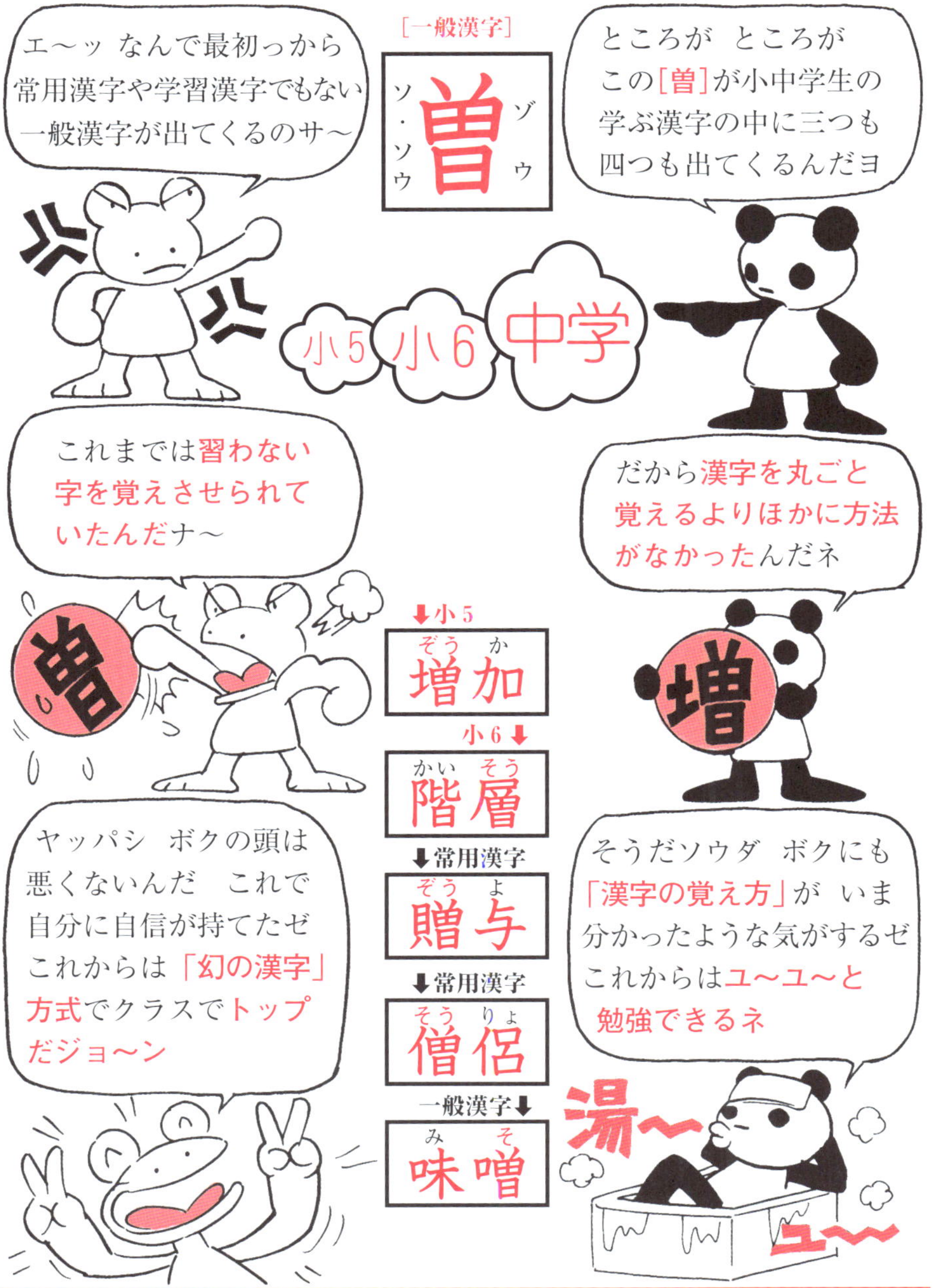
エ〜ッ なんで最初っから常用漢字や学習漢字でもない一般漢字が出てくるのサ〜
［一般漢字］
曽 ソ・ソウ ゾウ
ところが ところが この［曽］が小中学生の学ぶ漢字の中に三つも四つも出てくるんだヨ
小5 小6 中学
これまでは習わない字を覚えさせられていたんだナ〜
だから漢字を丸ごと覚えるよりほかに方法がなかったんだネ
曽
増
↓小5
増加《ぞうか》
小6↓
階層《かいそう》
↓常用漢字
贈与《ぞうよ》
↓常用漢字
僧侶《そうりょ》
一般漢字↓
味噌《みそ》
ヤッパシ ボクの頭は悪くないんだ これで自分に自信が持てたゼ これからは「幻の漢字」方式でクラスでトップだジョ〜ン
そうだソウダ ボクにも「漢字の覚え方」が いま分かったような気がするゼ これからはユ〜ユ〜と勉強できるネ
湯〜
ユ〜

音符・3章　幻の漢字をおぼえよう［其＝キ・ギ・ゴ］

この字はようく使ってるぜ　で〜も　この字だけでは習ったことないゼ
其
そ（の・れ）
キ・ギ・ゴ
其れ
オレ？
そうネ〜　それはネ〜　この漢字の音読みの「キ・ギ・ゴ」を音符として使った漢字が多いからでしょ

期日《きじつ》
赤字は小3の学習漢字
校旗《こうき》
赤字は小4の学習漢字
将棋《しょうぎ》
赤字は常用漢字
詐欺《さぎ》
赤字は常用漢字
囲碁《いご》
赤字は常用漢字
麒麟《きりん》
赤字は一般漢字
そう言われても　急には思い出せないゼ
ウッシッシ〜　ゆっくり言っても知らないんじゃないの〜　こんなにあるわヨ

ワ～ずいぶんあるんだナ～
でもサ～
さっきの「き」には小学生用の漢字が二個しかないジャン
期旗
ボク小学三年生。

「期」は小3の学習漢字
期
「月」は小1の学習漢字
「其」は一般漢字
小3
期
一般
其
だって～これから中学に行って知らない漢字の中にこの「其」が出てきたらすぐ読めるでしょ
それにしても小3の学習漢字の音符の「其」が学校では教えない一般漢字とはネ～
ケロ

どうりで「漢字がむずかしい」はずだよナ～ 習ってない字が入っている漢字まで覚えさせられるんだモンキ～
其
キ・ギ・ゴ

いいジャン いいジャン この方法で漢字の力がつくんだから クラスで漢字はトップになれるジャン どっちみち漢字は一生書かなきゃならないんだから

……音符・第3章　簡単な漢字が音符になっている……

音符表・幻の漢字

……しかし漢字の読みと違うときがあるから要注意……

だからこの音符を覚えたら記憶量が百倍に増える

読み	音符	熟　語
カン	干	発刊・ハッカン、発汗・ハッカン、竿頭・カントウ、肝臓・カンゾウ、奸物・カンブツ、幹事・カンジ、（軒・ケン、鼾・イビキ）
カン	監	監督・カントク、戦艦・センカン、鑑別・カンベツ
キ ギ・ゴ	其	期日・キジツ、校旗・コウキ、麒麟・キリン 将棋・ショウギ、詐欺・サギ、碁石・ゴイシ、最期・サイゴ
キ	奇	奇人・キジン、寄付・キフ、騎士・キシ、（崎・サキ、埼玉県・サイタマケン）
ギ・キ	支	技術・ギジュツ、岐阜県・ギフケン、美妓・ビギ、歌舞伎・カブキ
キュウ	及	及第・キュウダイ、級友・キュウユウ、吸引・キュウイン、（汲む・クム）
クツ	屈	理屈・リクツ、採掘・サイクツ、洞窟・ドウクツ、（堀・ホリ）
ケイ	圭	桂馬・ケイマ、閨閥・ケイバツ、（佳人・カジン、畦道・アゼミチ、鮭・サケ）
コ・ゴ	古	固体・コタイ、個人・コジン、枯渇・コカツ、湖水・コスイ、糊塗・コト、醍醐味・ダイゴミ、（箇条・カジョウ、涸れる・カレル）

※（　）は別の読み方　［　］は同じ読み方

読み	音符	熟語
コウ	工	工業・コウギョウ、紅梅・コウバイ、攻略・コウリャク、揚子江・ヨウスコウ、肛門・コウモン、巧妙・コウミョウ、（細工・サイク、年貢・ネング、虹・ニジ）
コン	艮	大根・ダイコン、［怨恨・エンコン］、（銀・ギン）
サイ	采	采配・サイハイ、野菜・ヤサイ、彩色・サイショク
シュ	朱	朱色・シュイロ、特殊・トクシュ、珠算・シュザン、守株・シュシュ
ショ	者	暑中見舞・ショチュウミマイ、税務署・ゼイムショ、諸君・ショクン、一緒・イッショ、曙光・ショコウ、甘藷・カンショ、（記者・キシャ）
ショウ	章	文章・ブンショウ、障子・ショウジ、表彰式・ヒョウショウシキ
セイ	正	正解・セイカイ、征伐・セイバツ、整理・セイリ、（証明・ショウメイ）
セイ	青	青春・セイシュン、清純・セイジュン、晴天・セイテン、精算・セイサン、静粛・セイシュク、請求・セイキュウ、（愛情・アイジョウ）
セキ	責	責任・セキニン、成績・セイセキ、面積・メンセキ、奇蹟・キセキ、（債務・サイム）
セン	巽	選手・センシュ、撰者・センジャ、（杜撰・ズサン、巽・タツミ）
ソウ・ゾウ	曽	層・ソウ、僧侶・ソウリョ、増加・ゾウカ、贈与・ゾウヨ、（味噌・ミソ）
タン	旦	元旦・ガンタン、担任・タンニン、平坦・ヘイタン、胆汁・タンジュウ
タン・ダン	炎	淡水・タンスイ、痰壺・タンツボ、啖呵・タンカ、談話・ダンワ、（火炎・カエン）
チョウ	兆	眺望・チョウボウ、跳躍・チョウヤク、銚子・チョウシ、（逃避・トウヒ）
トン・ドン	屯	混沌・コントン、整頓・セイトン、鈍感・ドンカン、饂飩・ウドン

読み	音符	熟語
バイ	貝	売買・バイバイ、狼狽・ロウバイ、(敗戦・ハイセン、唄・ウタ)
バク	莫	莫大・バクダイ、幕府・バクフ、漠然・バクゼン、驀進・バクシン、(膜・マク)
ボ	莫	募集・ボシュウ、墓石・ボセキ、暮色・ボショク、(模型・モケイ)
ハン	反	販売・ハンバイ、木版・モクハン、合板・ゴウハン、阪神・ハンシン、急坂・キュウハン、ご飯・ゴハン
ハン・バン	半	判定・ハンテイ、同伴・ドウハン、湖畔・コハン、攪拌・カクハン、絆創膏・バンソウコウ、襦袢・ジュバン
ハン・パン	凡	凡例・ハンレイ、出帆・シュッパン、汎神論・ハンシンロン、(凡人・ボンジン)
ホ	甫	捕球・ホキュウ、補欠・ホケツ、哺乳・ホニュウ、(店舗・テンポ、浦・ウラ)
ホウ・ボウ	方	訪問・ホウモン、解放・カイホウ、芳香・ホウコウ、防火・ボウカ、坊主・ボウズ、脂肪・シボウ、紡績・ボウセキ、妨害・ボウガイ、文房具・ブンボウグ
マ	麻	麻酔・マスイ、魔法・マホウ、摩擦・マサツ、研磨・ケンマ
ロウ	良	太郎・タロウ、明朗・メイロウ、浪人・ロウニン、廊下・ロウカ、狼狽・ロウバイ、(狼・オオカミ)
ワン	宛	腕力・ワンリョク、茶碗・チャワン、(木の)椀・ワン

部首分類表

記号の意味

① 「新」⬆常用漢字制定後に造られた新しい部首と部首名。
② 「W」⬆同一の部首が複数回、掲載されていることを表わす記号。
③ 部首に付記されている〈カッコ〉は、その部首の右にある部首と、同一部門の部首であることを示している。

1章 カナと漢字を読むだけで部首の名前になっている　九個

部首	部首の名前（部首名）
禾	（ノ十木）だから⬇のぎへん
釆	（ノ十米）だから⬇のごめへん
攵	（ノ十文）だから⬇のぶん　または「ぼくにょう」
〈攴〉	（ト十又）だから⬇とまた
歹	（一十タ）だから⬇いちたへん　または「がつへん・かばねへん」
頁 W	（一十ノ十貝）だから⬇いちのかい　または「おおがい」
干 W	（一十十）だから⬇いちじゅう　または「かん」
支	（十十又）だから⬇じゅうまた　または「しにょう」
殳 W	（几十又）だから⬇るまた　または「ほこつくり」

［注意点］①「殳＝ほこつくり」②「矛＝ほこへん」③「戈＝ほこがまえ」の三個ともに、同じ「ほこ」という名前がついているので、表中の太文字の名前で記憶すると混乱しません。

2章 漢字の中のカタカナが部首なのサ　二〇個

部首	部首の名前（部首名）
マ 新	ま・まかんむり
エ	え・たくみへん・えがまえ
ノ	のかんむり・はらいぼう
ヒ	ひ・カナのヒ・あいくち
ト	と・ぼくのと・うらない
ハ 新	は・カナのハ
爻 W	めめ・まじわる
ソ 新	そかんむり
ツ 新	つかんむり
ク 新	くかんむり
リ 新	カナのリ
刂 W	りっとう
〈刀〉	〈かたな〉
タ	た・ゆうべ
ワ	わかんむり
ヨ	カナのヨ・けいがしら
〈ヨ〉	〈カナのヨ・けいがしら〉
〈彑〉	〈カナのヨ・けいがしら〉
ウ	うかんむり
ム	む・カナのム

［おぼえ方］＝前の人は目々そっくりた（だ）わよ うむ。

［注意点］

（1）カタカナの部首なのに、2章に掲載されていない部首

①イ（にんべん）　②冫（にすい）　③氵（さんずい）　④⺍（つめかんむり）

※理由＝部首にはカタカナが使われていても、部首の名前には部首のカナが入っていないから。

（2）「ハ」の部首

①(財)日本漢字能力検定協会は「ハ」を部首として新設している。

（例）「ハ」＝六 具 共 典 兵
「八」＝八 公 兼

②ほかの字典では、「ハ」の部首を設定せず、「八」に統一しているものが多い。

3章 絵文字がそのまま部首になっちゃった　一二個

部首	部首の名前（部首名）
丨	ぼう・たてぼう⬇棒に見える
亅	はねぼう⬇棒の下が撥《は》ねている
丶	てん⬇点が描いてあるからそのまま読んでいる
乙	おつ・おつにょう⬇これは漢字そのままの読み方だが同一部門の〈乚〉が絵を部首名にしている
〈乚〉	〈つりばり〉⬇釣針《つりばり》に見えるから
亠 W	なべぶた⬇鍋《なべ》のふたに見える
凵	うけばこ・かんにょう⬇注《そそ》がれるものを受ける箱に見えるから
匚	はこがまえ⬇箱を横からみた形に見えるから
匸	かくしがまえ⬇箱の上から蓋《ふた》をしてかくした形に見えるから
儿 W	ひとあし・にんにょう⬇人の足に見えるから
卩	ふしづくり・わりふ⬇竹の節の形に見えるから
〈㔾〉	〈まげわりふ〉⬇右の「わりふ」の縦線の下部を曲げた形に見えるから

4章 漢字の中の数字を見つけろ それが部首だ！　七個

部首	部首の名前（部首名）
一	いち
二	に
彡	さんづくり
八	はち
十 W	じゅう
干	いちじゅう・かん
廾	にじゅうあし・こまぬき

☆豆知識①☆ 自分が数字なのに他の数字が部首になっている

数字		部首
三	⬅	一
五	⬅	二
六	⬅	八
七	⬅	一
千	⬅	十
万	⬅	一

☆豆知識②☆ 自分は数字だけど数字ではない文字が部首になっている

数字		部首
四	⬅	口
九	⬅	乙
百	⬅	白
億	⬅	亻
兆	⬅	儿
京	⬅	亠

5章 人間はからだ中が部首だらけ　二九個

部首	部首の名前（部首名）
口	くち
目	め
爻 W	めめ・まじわる
耳	みみ
鼻	はな
歯	は⇧常用漢字の部首
〈齒〉	〈は⇧常用漢字以外の部首〉
舌	した
面	めん
首	くび
毛	け
髟	かみがしら
血	ち
骨	ほね
爪	つめ・そうにょう
〈爫〉	〈つめかんむり〉
肉	にく
〈月〉 W	〈にくづき〉
皮	けがわ・ひふのかわ
手	て
〈扌〉	〈てへん〉
足	あし
〈⻊〉	〈あしへん〉

部首	部首の名前（部首名）
儿 W	ひとあし・にんにょう
疋	ひき
〈⺪〉	〈ひきへん〉
身	み（へん）
尸	しかばね
疒	やまいだれ

［注意点⇒月］

(1) **［月＝にくづき］**

①部首「月＝にくづき」は「肉」と同一部門の部首だから、「肉」の部に掲載されています。

②理由は「月＝にくづき」の「月」は「肉」の字を簡略化したものだからです。

③人体に関する漢字に使われている「月」を「にくづき」という。

(2) **［月＝つき・つきへん］**

右の(1)以外の漢字についている部首「月」を「つき・つきへん」という。

(3) **このほかの注意点**

①「服」の「月」は、**「舟」の字が簡略化されたもの。**

②「朝」の「月」は、右記(3)①の**「舟＝シュウ・チョウ」**で、これを**音符として使った漢字。**

このため「𠦝」は意味（日が昇る様子）を表わす形声文字ですが「𠦝」という部首はないので便宜上、部首は「月」にした。

6章 人の心と行動が全部部首に表わされてるのサ 四五個

部首	部首の名前（部首名）
心	こころ
〈忄〉	〈りっしんべん〉
〈⺗〉	〈したごころ〉
气	きがまえ
示	しめす
〈⺭〉	〈しめすへん〉
言	ごんべん
見	みる
力	ちから
用	もちいる
行	ぎょうがまえ・ゆきがまえ
彳	ぎょうにんべん
走	そうにょう・はしる
辶	しんにゅう・しんにょう
〈⻍〉	〈しんにゅう・しんにょう・二点しんにゅう〉
〈辵〉	〈しんにゅう・しんにょう〉
廴	えんにょう
入	いりがしら・はいる

部首	部首の名前（部首名）
飛	とぶ
癶	はつがしら
生	うむ・うまれる
勹	つつみがまえ
无	む（にょう）
旡	き・け
隶	れいづくり
至	いたる
止	とめる
立	たつ
舛	まいあし・ます
又	また
欠	あくび・かける
非	ひ・あらずのひ
艮	こんづくり
食	しょく
〈𩙿〉	〈しょくへん〉
〈飠〉	〈しょくへん〉
甘	あまい
辛	からい
香	かおり
冂	どうがまえ・けいがまえ
比	ひ・くらべるひ
片	かたへん・（片側《かたがわ》のかた）
方 W	かたへん・（方角《ほうがく》のかた）
文	ぶん・ぶんにょう

而	じ・しこうして・しかして

[注意点]
①「ひ」と呼ばれる部首が六個あるため、読み分けできる名前を記憶すれば、混乱しません。
(例) 日・匕・火・比・非・曰
読み分けできる部首名は、表の中では太字で書かれています。
②「かたへん」という、同じ名前の部首が二個ありますので、読み分けにご注意下さい。
(例)「片」の部首名＝片側のかた
「方」の部首名＝方角のかた

7章 人の社会的な立場が部首になっている　一九個

部首	部首の名前（部首名）
人	ひと
〈亻〉	〈にんべん〉
〈𠆢〉	〈ひとやね・ひとがしら〉
父	ちち
毋	ははのかん・なかれ
〈母〉	はは
子	こ（へん）
老	おいがしら・おいかんむり
〈耂〉	おいがしら・おいかんむり

女	おんな（へん）
自	みずから
己	おのれ
氏	うじ
玉	たま
〈王〉	〈おうへん〉
囗	くにがまえ
臣	しん
弋	しきがまえ・よく
士	さむらい

パート2 (1) 自然は部首のお母さん　三二個

部首	部首の名前（部首名）
日	ひ・にちへん
曰	ひらび・いわく
火	ひ・もえるひ
〈灬〉	〈れっか・れんが・よつてん〉
水	みず
〈氺〉	〈したみず〉
〈氵〉	〈さんずい〉
冫	にすい
夂	ふゆがしら・ち
〈夊〉	〈すいにょう〉
月 W	つきへん
川	かわ・さんぼんがわ
〈巛〉	〈まがりがわ〉
山	やま（へん）
谷	たに（へん）
里	さと（へん）
阜	こざとへん
〈阝〉	〈こざとへん〉
邑	おおざと
〈阝〉	〈おおざと〉
土	つち（へん）
石	いし（へん）
金	かね（へん）
田	た（へん）
穴	あな（かんむり）
雨	あめ・あめかんむり
風	かぜ
音	おと
方 W	ほう・（方角の）かたへん
西	にし
〈覀〉	〈にし〉
〈襾〉	〈にし〉

[注意点]
「かわ」と呼ばれる部首は四個ありますので、部首名の読み分けにご注意下さい。
(例) ①川＝さんぼんがわ
②巛＝まがりがわ

③皮＝ひふのかわ
④革＝かくのかわ

〔注意点〕「ひへん」の読み分け
①日＝にちへん
②ヒ＝カタカナのヒ
③火＝もえるひ
④比＝くらべるひ
⑤非＝あらずのひ
⑥曰＝いわく・ひらび

パート2 (2) 部首の植物園は花盛り 一五個

部首	部首の名前（部首名）
木	き（へん）
竹	たけ（かんむり）
艹	くさかんむり
〈艹〉	〈くさかんむり〉
〈艸〉	〈くさかんむり〉
屮	くさのめ・てつ
麻	あさ
广	まだれ
米	こめ（へん）
麦	むぎ・ばくにょう
〈麥〉	〈むぎ・ばくにょう〉
豆	まめ（へん）
瓜	うり
黍	きび
韭	にら

パート2 (3) 部首動物園で楽しく遊ぼう 二七個

部首	部首の名前（部首名） 下巻
犬	いぬ
〈犭〉	けものへん
牛	うし
〈牜〉	うしへん
馬	うま（へん）
羊	ひつじ（へん）
〈⺶〉	〈ひつじ〉
豕	いのこ・ぶた
鹿	しか
虍	とらがしら
豸	むじなへん
鼠	ねずみ⇧常用漢字以外の部首
〈鼡〉	（ねずみ）⇧異体文字（代用漢字）
角	かく・つのへん
牙	きば（へん）
革	かくのかわ・つくりがわ
虫	むし（へん）
鳥	とり（へん）・とぶとり
酉	えとのとり・さけのとり
隹	ふるとり
羽	はね
厂	がんだれ
亀	かめ⇧常用漢字の部首
〈龜〉	（かめ⇧常用漢字以外の部首）
魚	うお（へん）
貝	かい（へん）
頁 W	いちのかい・おおがい

〔注意点〕
(1)「鼡」と「鼠」
①「鼡」も「鼠」も、部首としては小中学生用の漢字辞典には掲載されていません。
②一般の字典類には「鼠」は部首として掲載されていますが、「鼡」は部首としては掲載されていません。
③しかし**パソコン・ワープロ**などには、「鼡」は「鼠」と同じ意味の漢字として使われています
④また「鼡」は、常用漢字「猟」のように、「つくり」の部分などには使われています。
⑤これらの理由から「鼡」の字は**「鼠」の異体文字**（代用漢字）だという人が多いようです。
(2)「鳥・酉・隹」
この三個の部首名にはそれぞれに、

「とり」の言葉がついていますので読み分けに要注意。
①鳥＝とぶとり
②酉＝えとのとり・さけのとり
③隹＝ふるとり

パート2(4) 架空《かくう》動物園に龍が翔《と》ぶ　四個

部首	部首の名前（部首名）
鬼	おに・きにょう
竜	りゅう・たつ⇧常用漢字の部首
龍	りゅう・たつ⇧常用漢字以外の部首
辰	しんのたつ・たつ

［注意点］
(1)「竜と龍」
①竜と龍は同一部首。
②「竜」は常用漢字の部首。
③「龍」は常用漢字以外の部首。
(2)「竜・龍・辰」
この三個の部首の名前にはすべて「たつ」という言葉がついているので、読み分けに要注意。
①竜＝常用漢字のりゅう
②龍＝旧字のりゅう
③辰＝しんのたつ

パート2(5) 光や色は虹の天使の贈物　八個

部首	部首の名前（部首名）
白	しろ
黒	くろ
玄 W	げん
青	あお⇧常用漢字の部首
〈靑〉	あお⇧常用漢字以外の部首
赤	あか
黄	き
色	いろ

［注意点］
(1)「青」は常用漢字の部首ですから、常用漢字の中でしか使われません。だから小中学生用の字典では部首は「青」しかありません。
（例）青・静
(2)「靑」は旧字体ですから、常用漢字以外の漢字の中で使われています。だから普通の漢字辞典の部首索引では、「靑」が先に書かれていて「青」は、（カッコ）付きで表示されています。
（例）鯖（さば）・錆（さび）

［参考］朝日新聞（平成十二年九月三十日）によれば【サバは（鯖）ではありません】という見出しで、国語審議会の表外漢字についての基準を紹介しています。（鯖）が正しい。

パート2(6) 物や道具はみんな部首　二八個

部首	部首の名前（部首名）
刀 W	かたな
〈刂〉 W	〈りっとう〉
弓	ゆみ（へん）
矢	や（へん）
戈	ほこがまえ・ほこづくり
矛	ほこ・ほこへん
殳 W	るまた・ほこつくり
斤	おのづくり・き
車	くるま（へん）
舟	ふね（へん）
罒	あみがしら
〈网〉	〈あみがしら〉
〈⺳〉	〈あみがしら〉
耒	らいすき・すきへん
臼	うす
門	もんがまえ
戸	とだれ・とかんむり
瓦	かわら
几	つくえ・きにょう

部首	部首の名前（部首名）
缶	かん・ほとぎへん
皿	さら
亠 W	なべぶた
聿	ふでづくり
糸	いと（へん）
幺	いとがしら
衣	ころも
〈衤〉	〈ころもへん〉
鼓	つづみ

［注意点］
次の三個の部首名には、**三個ともに「ほこ」という言葉が入っています**ので、間違えやすいため、赤い色の部首名で記憶して下さい。

①矛＝ほこ・ほこへん
②戈＝ほこがまえ・ほこづくり
③殳＝るまた・ほこつくり

パート2(7) 大きさや長さまで部首なんだってサ　一二個

部首	部首の名前（部首名）
大	だい
尢	だいのまげあし・おう
小	しょう
无	む
長	ながい
高	たかい
巾	はば・きんべん
寸	すん
斗	とます
斉	せい・さい・ざい⇧常用漢字の部首
〈齊〉	せい・さい・ざい⇧常用漢字以外の部首
玄 W	げん

パート2(8) 掲載されなかった部首　一二個

部首	部首の名前（部首名）
爿	しょうへん
〈丬〉	〈しょうへん〉
禸	にゅう・ぐう・ぐうのあし
韋	なめしがわ
鬥	とうがまえ
鬲	れき・かく
鬯	ちょう
鼎	かなえ
鹵	ろ
黹	ふつ
黽	べん
龠	やく

［付 表］

学 習 漢 字

〜学年別配当表（平成19年７月現在）〜

1年 80字

口五見犬月空金玉休九気学貝花火下音王円雨右一
生正水人森上小女出十手車七耳字糸四子山三左校
白年入日二土田天町虫中竹男大村足草早先川千赤石夕青

2年 160字

外絵海会回画歌家夏科何遠園雲羽引　名本木文百八
教強京魚牛弓帰記汽顔岩丸間活楽角　六林力立目
黒国谷合黄高行考光交広公工語後午古戸原言元計形兄近
色場少書春週秋首弱社室時自寺紙思姉矢市止算作細才今
茶知池地台体太多走組前線船雪切晴星声西数図親新心食
買売馬肉南内読道同頭答東当冬刀電点店弟通直朝鳥長昼
来曜用友野夜門毛鳴明万妹毎北方母歩米聞分風父番半麦

3年 200字

界荷化温屋横央駅泳運飲院員育意委医暗安悪　理里
局曲業橋去球宮級急究客期起岸館漢感寒階開　話
指始使死仕皿祭根号港幸向湖庫県研決血軽係君具苦区銀
助暑所宿重住集習終拾州受酒取守主者写実式持事次詩歯
打他族速息想送相全昔整世進深真神身申植乗勝章商消昭
島豆投度都転鉄笛庭定追調帳丁柱注着談短炭題第代待対
品病秒表氷筆鼻美悲皮板坂反発畑箱倍配波農童動等登湯
様陽葉洋羊予遊有油由薬役問面命味放勉返平物福服部負

4年 200字

芽課貨果加億塩栄英印胃囲位衣以案愛　緑両旅流落
旗喜紀季希願観関管官完覚各街害械改　和路練列礼
健建結欠芸景型径郡軍訓極競鏡協共漁挙給救泣求議機器

司史氏士残散産参察殺刷札昨材最菜差告康航候好功固験

席静清省成信臣賞照象焼唱笑松初順祝周種借失辞治児試

腸兆貯仲置単達隊帯孫卒続側束巣倉争然選戦浅説節折積

標票必費飛飯博梅敗念熱毒得特働堂灯努徒伝典的停底低

養要勇約無民脈未満末牧望法包便変辺別兵粉副府付夫不

恩桜往応演液益易衛営永因移圧　185字　**5年**　類輪量料良陸利浴

慣幹刊額確格解快賀過河価仮可　録労老連歴例冷令

減現限検険券件潔経群句禁均境許居旧久逆義技規寄基眼

志支賛酸雑罪財在際採妻災再査混講興構鉱耕厚効護個故

職織情常状条証承招序準術述修授謝舎質識似示飼資師枝

損率属測則増像造総素祖銭絶舌設接績責税製精勢政性制

肥比版判犯破能燃任独徳導銅統敵適程提張築断団態貸退

綿迷夢務暴貿防豊報墓保弁編仏複復武富婦布貧評俵備非

簡看巻干株割閣革拡灰我沿延映宇域遺異　181字　**6年**　容預余輪

絹穴激劇警敬系筋勤郷胸供吸疑貴揮机危　領留略

至蚕冊策裁済座砂困骨穀刻鋼降紅皇孝后誤呼己厳源憲権

将除諸署処純熟縮縦従衆就宗収樹若尺捨射磁誌詞視姿私

蔵操層装創窓奏善染洗泉専宣誠聖盛寸推垂仁針蒸城障傷

乳難届糖党討展痛賃潮頂庁著忠宙値暖段誕探担宅尊存臓

忘亡訪宝暮補片閉陛並奮腹秘批否晩班俳肺背拝派脳納認

論朗臨律裏覧卵乱翌欲幼優郵訳模盟密幕枚棒

※平成19年７月現在

【新】漢字のおぼえ方

[著者紹介]
漢字塾太郎（かんじじゅく・たろう）
小中学校教諭・進学塾主任講師を30年にわたり勤務。
学習参考書の著書30種以上を出版。

宮島弘道（みやじま・ひろみち）
1970年、長野県生まれ。武蔵野美術大学卒（日本画）。
現在、画家として活躍の傍ら、書籍・雑誌の装幀・イラスト作成にも携わる。

2007年8月20日　第1刷
2013年10月10日　第6刷

著　者 —— 漢字塾太郎
マンガ —— 宮島弘道
発行者 —— 籠宮良治
発行所 —— 太陽出版

〒113-0033　東京都文京区本郷4-1-14
TEL03(3814)0471　FAX03(3814)2366
http://www.taiyoshuppan.net/

表紙挿絵＝宮島弘道
ISBN978-4-88469-532-3